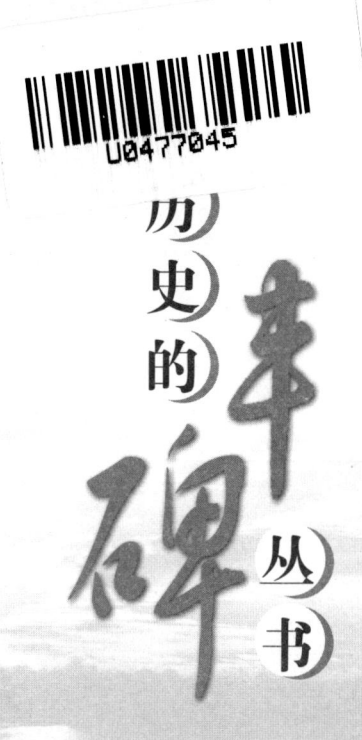

历史的丰碑丛书

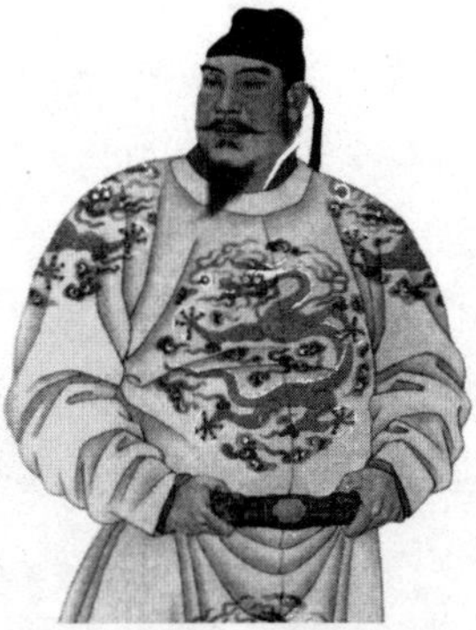

政治家卷

大唐盛世的开创者
李世民

张一丁 田立波 编著

吉林人民出版社

图书在版编目(CIP)数据

大唐盛世的开创者——李世民/张一丁，田立波编著.--长春：吉林人民出版社，2011.4（2021.8 重印）
（历史的丰碑丛书）
ISBN 978-7-206-07588-9

Ⅰ.①大… Ⅱ.①张… ②田… Ⅲ.①李世民（599～649）—生平事迹—青年读物②李世民（599～649）—生平事迹—少年读物 Ⅳ.① K827=421

中国版本图书馆 CIP 数据核字 (2011) 第 039531 号

大唐盛世的开创者 李世民
DATANG SHENGSHI DE KAICHUANGZHE LISHIMIN

编　　著：张一丁　田立波
责任编辑：王　丹　　　　　封面设计：孙浩瀚
制　　作：吉林人民出版社图文设计印务中心
吉林人民出版社出版 发行（长春市人民大街7548号　邮政编码：130022）
印　　刷：北京一鑫印务有限责任公司
开　　本：787mm×1092mm　　1/16
印　张：8　　　　　　　　字　数：72 千字
标准书号：ISBN 978-7-206-07588-9
版　次：2011年4月第1版　　印　次：2021年8月第2次印刷
定　价：35.00元

如发现印装质量问题，影响阅读，请与出版社联系调换。

编者的话

"欲知大道，必先为史"。

回溯人类的足迹，人们首先看到的总是那些在其各自背景和时点上标志着社会高度和进步里程的伟大人物。他们是历史的丰碑，是后世之鉴。

黑格尔说："无疑，一个时代的杰出个人是特性，一般说来，就反映了这个时代的总的精神。"普希金说："跟随伟大人物的思想是一门引人入胜的科学。"

以史为鉴，面向未来。作为21世纪的继往开来者，我们觉得，在知史基础上具有宽广的知识结构、开阔的胸襟和敏锐的洞察力应是首要的素质要求，而在历史的大背景

◆ 历史的丰碑丛书

中追寻丰碑人物的思想、风范和足迹,应是知史的捷径。

考虑到现代人时间的宝贵,我们期盼以尽量精短的篇幅容纳尽量丰富的信息,展现尽量宏大的历史画卷和历史规律。为此,我们编撰了这套丛书。

编撰丛书的过程,也是纵览历代风云、伴随伟人心路、吸收历史营养的过程。沉心于书页,我们随处感受着各历史时期伟大人物所体现的推动历史进步的人类征服力量。我们随着伟人命运及事业的坎坷与辉煌而悲喜,为他们思想的深邃精湛、行为的大气脱俗而会意感慨、拍案叫绝。

然而,在思想开始远游和精神获得享受的同时,我们也随之感受到历史脚步的沉重

编者的话

和历史过程的曲折。社会每前进一步都是艰难的，都伴随着巨大的痛苦和付出。历史的伟大在于它最终走向进步，最终在血污中诞生了鲜活的"婴孩"。

历史有继承性和局限性，不能凭空创造。伟人也有血肉，他们的思想、行为因此注定了同样具有历史的局限性和阶级的、时代的烙印；他们的功业建立于千千万万广大人民群众伟大创造的基础上。历史是人民群众创造的，伟大的人物们是历史和时代造就的。同时，我们也无法否定此间他们个人的努力。这也正是我们编撰这套丛书的目的。

我们期盼着这套丛书得到社会的认同，对读者，特别是青少年读者之历史感、成就感和使命感的培养有所裨益。史海浩瀚，群

◆ 历史的丰碑丛书

星璀璨。我们以对广大青少年读者负责的精神，精心遴选，以助力青少年成长进步，集结出版了《历史的丰碑》系列丛书，敬请读者批评、指正。

历史的丰碑丛书

编 委 会

策　划：胡维革　吴铁光
　　　　林　巍　冯子龙
主　编：胡维革　邢万生
副主编：贾淑文　谷艳秋
编　委：（按姓氏笔画为序）
　　　　于二辉　刘士琳
　　　　刘文辉　孙建军
　　　　李艳萍　吴兰萍
　　　　杨九屹　隋　军

在跌宕起伏、绚丽多姿的华夏五千年文明历史长河中，中华民族创造了举世无双的物质文明和精神文明，涌现出众多叱咤风云、举世闻名的英雄人物，唐太宗李世民便是其中极为著名的一位。他雄才伟略、胸怀大志、勇武多谋、励精图治，是中国历史上杰出的政治家、军事家。他利用隋末农民战争开拓的局面，开创了一个昌盛的大唐帝国。他的许多政策措施为后代的帝王所继承。他的许多见解，甚至到今天仍然为人称道。他的开阔胸襟及泱泱大国之君的风度，使大唐帝国成为中外文化交流的中心，为他的后代子孙们作出了榜样。他开创了中国封建社会的隆盛时代——"贞观之治"，他使中国古代文明走向辉煌。

目　录

少年从军　勇武多谋　◎ 001

太原起兵　横扫天下　◎ 009

继嗣之争　兄弟阋墙　◎ 019

抚民以静　贞观伟业　◎ 028

求贤举能　知人善任　◎ 039

广开言路　从谏如流　◎ 053

宽刑简政　以法治国　◎ 068

四海宁一　民族融合　◎ 081

偃武修文　盛唐文化　◎ 101

晚年失误　白璧微瑕　◎ 109

历史的丰碑丛书

少年从军 勇武多谋

> 人所以立，信、知、勇也。
> ——左丘明

公元598年1月（隋文帝开皇十七年十二月），在今陕西武功县的一个官僚家庭，出生了一个婴儿。父亲李渊希望孩子长大以后，能够"济世安民"，便取名"世民"。他就是中国历史上杰出的政治家——唐太宗李世民。

李世民的家庭是关陇贵族名门，祖籍陇西成纪（今甘肃秦安），是十六国时西凉武昭王李暠的后代。他的曾祖父李虎，帮助宇文泰建立关中政权，是西魏最高军官八柱国之一，也是北周的开国功臣，死后追封为唐国公。祖父李昞，官至安州总管、柱国大将军，与隋文帝杨坚都娶鲜卑贵族独孤信之女为妻。父亲李渊7岁便承袭祖爵，被封为唐国公，隋炀帝大业十三年任太原留守，驻守隋朝西部军事重镇晋阳，成为一方封疆大吏。

李世民正是诞生在这样一个豪门显贵的家庭中，因祖母、生母都是北方少数民族鲜卑人，所以在他的身上，既有内地民族精明豁达的度量，又有北方民族剽悍刚烈的性格。据史书记载，李世民小时便生得聪明英武，处事果断，似有深谋远虑之才，为一般人所不及。受武将家风的影响，李世民自幼就演习弓马，驰骋猎物。他身强力壮，而且武艺精湛，在百步之外，能"射洞门阖"。他还熟读兵书，少年时就能用孙子之言与父亲谈论兵策。这些为他以后统一中原打下了坚实基础。

李世民从小随父亲历经陇州、岐州、荥阳、楼顺等地，14岁左右来到京师长安，16岁又随父亲到了太原。频繁的迁居，使他饱览了各地的河谷山川、军事要塞，又接触到各地的民情风俗，了解了许多社会现实情

← 隋文帝杨坚

况，这使他的成长区别于一般安居深府的贵族少年，使他见多识广，眼界开阔。在这种生活环境中，他养成了善于思索的良好习惯，史书称他青年时"玄鉴深远"，即所谓远见卓识，足智多谋。从解雁门之围中，足以反映李世民在年轻时的不同寻常之处。

大业十一年（615年）八月，隋炀帝杨广出巡边塞。北方强族突厥始毕可汗趁机发动突然袭击，统率数十万骑兵将隋炀帝重重围困于雁门关（今山西代县），欲迫隋炀帝请和求降。

雁门关虽是北方军事要地，但仅是一座小城，城墙残缺，守备薄弱。守城官兵临时将城中的房屋拆除，把砖石、梁木等搬到城头，修筑工事。城中军民15万人，粮食只够吃15天。突厥兵猛攻城池，箭矢直射到杨广的脚上。杨广惶恐万状，一筹莫展，抱头痛哭。

大臣们急命人将求援诏书系在木板上，投入汾河，向汾河下游州郡告急，命令他们募兵赴援。

当时，李世民刚刚年满17岁，毅然应募从军，参加"勤王"的行列，在屯卫将军云定兴帐前任职。经初步了解情况之后，他向云定兴建议说："突厥人胆敢举兵围困天子，必是料定我军无法及时增援。如今之计，应将我军前后分散，拉开数十里长的行列，采用虚张声势之策，白天沿几十里山林遍插旌旗，夜晚要让敌军听得见战鼓声，敌军不知虚实，一定会以为大批援兵迫进，只得不战自退。否则敌众我寡，贸然进攻，非但不能解除雁门之围，我军也很难获取胜利。"

年轻的李世民从分析敌我双方力量对比入手，提出"多置旗鼓为疑兵"的策略，真是有点初生牛犊不怕虎的气概，初步崭露出出众的军事才华。云定兴听

从了他的建议，依计而行。始毕可汗果然中计，急忙引兵北还。隋军兵不血刃，吓退敌军，解除了隋炀帝的危急，李世民也由此赢得了极高的声誉。

其后，李世民和他的父亲李渊、大哥李建成，在镇压农民起义军时，不断获胜，增强了自身的实力。长期的征战，砥砺了李世民的意志，锻炼了他的胆量、气魄和卓越的军事才能。同时在战争中他也亲眼目睹了隋炀帝的倒行逆施、战乱纷起给天下百姓造成的深重苦难，深刻体会到国家的兴衰和人民的怨恨，更加激发了他胸怀大志，匡济天下的远大抱负和雄心。

李世民初生之时，正是隋朝国力鼎盛、无比繁荣的时代。当时，近四百年的魏晋南北朝分裂局面刚刚

→双骑图

结束,天下一统,海内升平,是难得的太平盛世。但是,隋炀帝杨广登基之后,国内的形势便发生了根本性的转变。

隋炀帝杨广是中国历史上著名的暴君。他荒淫无耻,自即位那天起,便大兴徭役。

← 隋炀帝杨广

为了修建东都洛阳,数以百万计的民夫百姓在皮鞭的抽打下日夜不停地劳动。饥饿、劳累、疾病,迫使近半数的民夫在道路和工地上倒下,载运死尸的车辆在驿道上连绵不绝。

隋炀帝不但动辄就征调数百万民夫从事各种工程建筑,还经常携带文武百官、后宫嫔妃、和尚道士和大批的军队到处巡游,纵情饮酒作乐,沿途百姓被迫进奉珍馐美味,很多人弄得倾家荡产。他每巡游一次,沿途百姓就遭一次殃。而许多官吏却因为拼命搜刮百姓,向皇帝献厚礼,升官晋爵,发了大财。隋炀帝除

大唐盛世的开创者　**李世民**

← 备骑出行图

倚仗隋朝积累的巨量财富，荒淫奢侈外，还穷兵黩武，多次对外兴兵。他先后三次征调大批民夫和军队远征高丽，结果都是劳民伤财、大败而归。加上隋炀帝对朝中大臣猜疑嫉妒，枉加杀戮，致使君臣之间离心离德。全国不断燃烧起农民起义的烈火，刚刚统一起来的隋王朝，很快又出现了摇摇欲坠、大厦将倾的趋势。

　　隋炀帝的倒行逆施，严重破坏了人民生活，田园荒芜，生产停顿，饥民成群，农民起义此起彼伏，烈火燃遍了塞外中原、大江南北。无数支农民军汇集成3股力量，即翟让、李密的瓦岗军、杜伏威的江淮义军和窦建德的河北义军。在农民起义军的猛烈打击下，隋朝的统治已经土崩瓦解，众叛亲离，许多地方官纷纷起兵反隋。很快，仅仅维持了37年的隋王朝就灭亡

政治家卷　007

了，骄横不可一世的杨广也只落个自尽身死的下场。而在战乱中磨练出来的李世民，凭着自己的政治眼光，预感到隋朝必定灭亡，随之而来的将是群雄并起、逐鹿中原的分裂割据局面。只有利用时势，扯起反隋大旗，才能稳定地主阶级的统治。因此，他与晋阳令刘文静要好，一同散财结客，联络豪杰，积极积蓄力量，准备趁天下大乱之机，干一番事业，施展他匡济天下的宏伟抱负。

←李密为操练兵士修建的中军亭

太原起兵 横扫天下

> 大风起兮云飞扬，
> 威加海内兮归故乡，
> 安得猛士兮守四方。
>
> ——刘邦

起兵反隋，是惊天动地的大事。李世民深知仅凭自己的号召力和影响力是不够的，必须策动父亲李渊，说服他利用太原留守的便利条件和唐国公的威望，招降纳叛，号令天下。

当时的李渊重兵在握，而又远离京都，多疑善妒的隋炀帝对他很不放心，派人监视他，君臣之间产生了隔阂。随着形势的变化，李渊也深知隋亡之时已为期不远，继续替隋炀帝卖命只能是成为他的陪葬品，不如乘八方战乱起兵反隋，夺取政权，以保住家族的地位和利益。

在李世民的竭力劝说和推动下，大业十三年（617年）五月，李渊父子于太原起兵反隋。李渊自称大将军，开府置官，开始了取代隋朝、争夺天下的行动。

这时，李世民才19岁。

太原起兵后，李世民被任为敦煌公、右将军大都督，率右翼军与隋军作战。唐军进至霍邑（今山西霍县），遭到隋朝大将军宋老生的阻击。这时秋雨连绵，军粮中断，又谣传突厥将偷袭太原，李渊动摇了，想撤兵回太原。李世民竭力反对北返，努力劝说李渊改变主意，并身先士卒，勇猛作战，大败隋军，杀死宋老生，攻克霍邑，突破了隋军在关中唯一强固的防线，打开了通往关中的门户。这一仗是唐军进入关中的奠基礼。李世民在这一仗中立下了汗马功劳。

李渊取得关中后，先是立代王杨侑为傀儡皇帝，改元义宁，尊隋炀帝为太上皇。后又于次年夏（618年）自立称帝，改国号为大唐，年号武德，建都长安，是为唐高祖。

李渊称帝之后，立长子建成为皇太子，任李世民为尚书令（尚书省长官，即宰相），

←杨侑

封秦王。从此，李世民作为大唐军事力量的实际统帅，在以后统一全国的征战中，身先士卒，东挡西杀，历经百战，充分表现出他艰苦卓绝的战斗精神和杰出不凡的军事才能。

唐朝立国之初，形势对于唐朝来说是极为严峻的。长安以西，有薛举、李轨两大割据政权，北有梁师都。在山西马邑，由突厥扶植下的刘武周势力正直逼李渊的老巢太原。再展开从全国范围来看，强大的农民武装有瓦岗的李密、河北的窦建德、江淮的杜伏威、辅公祏等；隋朝的残余势力，如盘踞东都洛阳的王世充，在江都杀掉隋炀帝后窜入河北的宇文化及，都有相当的实力。至于长江以南的大小割据势力，为数就更多了。

→长安古城

群雄割据，强敌林立。李世民采取了先集中力量解决西北，巩固国基，对中原则坐观其变，待机而动，坐收渔翁之利的策略。为了实现这一战略目标，李世民纵横捭阖，交替使用战、和两手，经7年战争，先后经历6次大战役，唐王朝才重新统一中国。年轻的秦王李世民为关中的巩固和平定黄河流域，屡经杀场，指挥若定，为李唐王朝一统天下立下了赫赫战功。

← 李渊

唐王朝第一个对手是西部近邻、盘踞在金城（今甘肃兰州）的薛举。薛举是陇西土豪，曾任隋朝的金城校尉。隋义宁元年（617年）七月，薛举在金城自立为帝，以其子薛仁杲为太子，占领陇西诸郡，成为西

大唐盛世的开创者 **李世民**

←唐代武士俑

北最大的一支地方武装势力，拥兵30余万。早在李渊刚刚占领长安之际，薛举就想趁其立足未稳之机，兴兵攻取长安。李世民统兵击退了薛举的第一次入侵。

武德元年（618年）六月，薛举第二次入侵，唐军与其在高墌（今陕西长武县北）进行决战。八月，薛举病亡，其子薛仁杲继位。薛仁杲率军直取泾州，气势甚盛。秦王李世民挂帅西征，唐兵到达高墌之后，李世民力排众议，坚取守策，养精蓄锐，坚避不战。双方对垒相持60余

日。一日，李世民侦知薛军粮尽，认为战机已经成熟，决定出击。他先是以老弱之兵引诱敌军，薛仁杲求战心切，倾全力出战，唐军坚守不出；等到薛军已师老兵疲，立即部署大军夹攻。薛仁杲大败，只得奉表投降。从此，陇西地区置于唐帝国统治之下。

消灭了金城薛氏，使唐帝国解除了后顾之忧。但是，占据马邑（今山西朔县）的刘武周，勾结突厥人，大举南下。唐军连遭败绩，镇守太原的李渊三子齐王李元吉临阵脱逃，李唐王朝的发迹地旦夕之间便陷落了。唐高祖李渊见形势严重，惊慌之余，一度曾想尽弃河东之地，谨守关中，遭到秦王李世民的坚决反对。他说："太原是王业的基础，国家的根本。河东物产丰富，是京师长安重要的财源基地。一旦放弃这个地方，

← 隋代虎符

昭陵六骏之"特勒骠",为李世民平定宋金刚时所乘。

关中也难以保全,国家将不堪设想。"请求出征河东。

武德二年(619年)十一月,寒风刺骨,冷气逼人,李世民引大军踏坚冰渡过黄河,与刘武周主力宋金刚部对峙于柏壁(今山西新绛县境内)。李世民仍采取"坚避挫锐"的战术,征集军粮,巩固后方,深沟高垒,坚守不出,只用小股兵力骚扰敌军粮道。经过5个月的艰苦相持,宋金刚粮尽撤退,李世民全线出击。战斗打得极为激烈,甚至是一日8战。李世民自己也身先士卒,曾经二日不食,三日不解甲。最后,唐军击溃了宋金刚部,俘斩数万人。五月,李世民收复太原,稳定了河东局势,唐帝国转危为安。后来,刘武周、宋金刚均被突厥贵族杀死。

薛刘相继覆亡,关中两面的威胁基本解除了,唐朝在西北站稳了脚跟,李世民便将唐军进攻的锋芒指向了中原。

此时，中原的形势也发生了很大的变化。占据洛阳的王世充已击败了李密的瓦岗军，称帝建国，改国号为大郑。窦建德也在河北乐寿建国，自称夏王。郑、夏两个割据政权，成为李唐王朝问鼎中原的强劲对手。武德三年（620年）六月，征尘未洗的李世民便统率各路大军出潼关直逼洛阳，开始逐鹿中原统一天下的战争。

从力量对比上看，郑军弱于唐军，但王世充凭借洛阳城高沟深之险，虽屡战屡败，但仍负隅顽抗。战斗持续了8个月，洛阳仍未攻下。唐军将士人疲马乏，纷纷请求班师回朝，但李世民以其果断卓绝的军事素质，断然力排众议，坚持围攻，并下令说："东都一日不破，我军一日不返，今后再有敢言班师者，一律斩首。"他以自己坚强的信心鼓舞将士们。

走投无路的王世充见唐军久攻不撤，不得不卑膝

昭陵六骏之"什伐赤"是李世民在洛阳、虎牢关与王世充、窦建德作战时的坐骑。

大唐盛世的开创者 **李世民**

昭陵六骏之"飒露紫",为李世民平定东都击败王世充时所乘。

向窦建德求援。窦建德虑及唇亡齿寒,为了保全自己,向西扩充地盘,决定出兵支援王世充。洛阳城下,形势为之一变。

此时唐军因久战已疲惫不堪,而夏军南来士气旺盛,锐不可当。李唐诸将有惧色,都主张退守延时,伺机再战。但是,惯于坚避挫锐、后发制人的李世民,这次却出人意料地一反常态,采取变通的灵活机动的战术,果断调整作战部署:由齐王李元吉统兵继续围攻洛阳,而自己则亲率徐世勣、秦叔宝、尉迟恭等大将进驻虎牢关(今河南荥阳汜水镇),把守要塞,阻击窦建德。双方相持数月,夏军数战不利,军心开始涣散,士心疲沓。武德五年(622年)五月,李世民抓住战机大举反攻,一时尘埃蔽日,杀声震

天，夏军全军覆没，窦建德本人也做了俘虏，被牵到了洛阳城下。王世充绝望了，只得开门投降。历时10个月之久的中原之役，终以唐军全面胜利而告结束。

此后，秦王李世民又亲率大军进驻河北，镇压了窦建德余部刘黑闼在河北的叛乱。武德七年（624年），唐军逐个消除了各地的割据势力，重新统一了全国。

秦王李世民指挥的历次战役，多能克敌制胜，表现出杰出的军事才能。他的辉煌战绩，奠定了唐朝统一的基础。同时，秦王李世民也名闻遐迩，大大提高了他在唐朝统治集团中的地位，为他后来夺取帝位奠定了坚实的基础。

昭陵六骏之"青骓"，为李世民平定窦建德时所乘。

大唐盛世的开创者　李世民

继嗣之争　兄弟阋墙

> 煮豆燃豆萁，豆在釜中泣。
> 本是同根生，相煎何太急！
> ——曹植

全国实现了统一，但唐皇室却酝酿着一场尖锐的斗争。当秦王李世民克平洛阳，身着黄金铠甲，控引万余铁骑，伴着雄壮的军乐，在举朝上下一片欢呼声中凯旋长安时，一个潜伏的危机正悄悄向他袭来。

李渊有四子。长子建成，封太子；次子世民，封秦王；三子云霸，少年早死；四子元吉，封齐王。兄弟3人都是李渊太原起兵的核心人物，特别是建成和世民，

→ 唐三彩骑骆驼胡俑

被李渊视为左右手。唐朝建立之后，太子建成常居长安，辅佐李渊处理军国大事。李世民常年领兵出征在外，不断平定割据势力，镇压各地农民起义，对李唐王朝立有很大功劳，威望甚高。但李建成是长子，按传统宗法制度，他应是李渊帝位的继承者。但秦王李世民立有战功，野心很大，也想当皇帝。因此，他们兄弟之间围绕着继嗣问题发生了激烈的争斗。

← 唐代天王

李建成以嫡长子被立为皇太子，除得到传统的合法地位外，还取得了李渊所领有的士族地主官僚集团的支持。他长期留在关中，在关中地区打下了相当坚固的基础。他手下谋臣有魏征、王珪等，武将有冯立、薛乃彻等。在河北作战时，又借机招募各地骁勇将士两千余人编为东宫卫士，分屯在东宫的左、右长林门，

大唐盛世的开创者 **李世民**

十八学士图

号为"长林兵",实力比秦王府充足。为了对付李世民,他同四弟元吉暂时联结在一起,多次策划谋害李世民。李渊是个软耳根,对嫔妃们言听计从。建成、元吉抓住这个特点,笼络嫔妃,奉承贿赂,无所不为,外面盛传他们与张婕妤、尹德妃的关系十分暧昧。

李世民作为李渊的次子,依封建宗法制度,皇位本应由兄长建成继承。但随着李世民的功勋日著、势位隆升,野心膨胀,并不甘心屈居建成之下。在征战中,李世民也罗致了大批人才。秦王府中,文有房玄龄、杜如晦等,号为十八学士;武的有尉迟敬德、秦叔宝、程咬金等著名猛将,这些人的命运与李世民息息相关,形成了一个特殊的利益集团,像一株根深蒂固的大树,挡住了李建成通向皇位的去路。随着全国

政治家卷 021

统一，唐王朝地位的稳固，太子与秦王的继嗣之争也更加明朗化。

在两大集团斗争尖锐时，李建成惧怕李世民夺帝位，采取先发制人的手段，武德七年（624年）夏天，他利用李渊赴仁智宫避暑，自己留守长安的机会，企图发动兵变，杀死李世民。由于被人告发，李渊大为恼火，几乎要废掉他的太子地位，后来由于嫔妃及部分朝臣劝阻，才免于处理。还有一次，他夜间召李世民饮酒，用毒酒谋害李世民，致使世民心痛难忍，吐血数次，险些送命。

太子李建成见秦王没死，一计不成又生一计。他怂恿李渊到郊外巡行打猎，并要求秦王陪驾前往。秦王李世民只得拖着病体随驾出行。太子叫部下给秦王备了一匹烈马。秦王没料

←三彩凤首瓶

← 尉迟敬德雕像

到太子又在耍阴谋，在打猎场上，纵马探弓，追赶一头鹿。不想，烈马野性发作，仰颈狂跳，把秦王甩出一丈多远，险些被摔死。

秦府兵精将勇，是众所周知的事。为了削弱秦王势力，太子与齐王李元吉绞尽脑汁设法瓦解秦府兵将。他们先是用大量金银收买拉拢。李建成曾用一车金银珠宝来收买李世民最得力的干将尉迟敬德，但遭到严词拒绝。李建成还不甘心，就加以迫害打击，捏造事实鼓动李渊将尉迟敬德逮捕入狱。后经李世民苦苦请求，才被释放。

李建成又竭力设法把秦府兵将调到外地做官，釜底抽薪，以削弱李世民的势力，等待时机成熟，好下毒手。他又唆使李渊下令使房玄龄、杜如晦等人和李世民脱离隶属关系，不许再行往来，逐走李世民身边的智囊人物。不仅如此，李建成、李元吉还经常在父亲面前说李世民的坏话，妃嫔们也趁机挑拨。李渊对李世民日益猜疑甚至憎恶。

此时，李世民一方面是忍辱负重，等待时机，另一方面也针锋相对，积极加强自己的军事力量。他派亲信张亮带着大量金帛到东都洛阳一带暗地里收买各地的豪杰志士，还积极设法争取太子集团的人员。像常何、敬君弘本是李建成的爪牙，担任护卫宫城的重任，但经过秦王的瓦解活动，暗中脱离太子集团，变成了秦王的部属。

两个集团长期明争暗斗的结果，最后终于演成了兄弟相残的"玄武门之变"。武德九年（626年）六月，突厥南侵，李建成向李渊建议让齐王李元吉替代秦王任统帅出征突厥，并将秦王府兵将统归

←唐代女俑

大唐盛世的开创者 **李世民**

→ 玄武门

齐王调遣。迹象表明,最后摊牌的时刻到了,太子方面已先下手了。秦王府上下也日夜聚谋,以定对策。这时,李建成定计,趁秦王为齐王饯行之机,在席上杀掉秦王,除心腹大患。然而,这一阴谋早被秦王收买的东宫僚属侦知,飞报秦王。秦王经过周密策划,决定先发制人,密奏建成、元吉淫乱后宫,请李渊讯问。然后,伏兵于宫城北门——玄武门。玄武门是太子建成、齐王元吉入宫的必经之路。

武德九年(626年)六月四日晨,李世民亲率死党、亲兵埋伏在玄武门内外。当时繁星满天,马蹄得得声和士兵步伐声打破了清晨的沉寂。

直至日上三竿,才见太子建成、齐王元吉二人骑

马缓步走进玄武门。把守玄武门的中郎将常何待他们走远后,迅速把城门关闭。只见太子、齐王下马拾级走上临湖殿。突然,秦王府伏兵倾出,经一番激烈的厮杀,李世民亲手杀死长兄李建成,齐王李元吉被尉迟敬德所杀。玄武门内的战斗刚刚结束,太子亲信将领们闻讯率东宫两千余骑赶来。双方在玄武门外展开了恶战。尉迟敬德将太子、齐王的首级示众,东宫的将士见主人已死,才一哄而散。

秦王李世民终于凭着权谋、刀剑和鲜血,给自己开辟了通往皇帝宝座的道路。

事变发生时,身为皇帝的李渊一无所知。后来见木已成舟,太子已死,只好将东宫僚属遣散,立李世民为皇太子。一场政治风波很快便平息了。

李渊是个谙于世故的人,深知如不让位,父子之

昭陵六骏之"拳毛䯄",李世民率领唐军与刘黑闼作战时的坐骑。

大唐盛世的开创者　**李世民**

间的矛盾激化也在所难免。因此他不久又下诏,将军国大事一律归李世民处理。接着在这一年八月,宣布退位,李世民登基为帝,称唐太宗。次年,改年号为"贞观"。从此,大唐帝国进入了唐太宗统治时期——"贞观之治"。

→唐太宗李世民

政治家卷　027

抚民以静 贞观伟业

> 天下以农桑为本。
> ——班固

从武德九年（626年）八月继位，到贞观二十三年（649年）五月去世，唐太宗做了23年的皇帝。期间，唐太宗致力于恢复和发展社会经济，在政治、军事、经济、民族关系等方面进行了一系列卓有成效的整顿和改革。唐太宗在位期间，社会安定，政治清明，史称"贞观之治"。这是我国封建社会继"文景之治"之后的又一较为突出的太平盛世，从而开创了中国封建社会的隆盛时期——大唐盛世。

唐太宗即位之初，所面临的政治形势并不美妙。隋末农民战争刚刚平息，唐朝政府对各地的统治并不稳固，社会震荡的余波尚未平息。在经济上，由于长年的战乱，水旱虫灾连年不绝，经济破败，民户凋残，人口只有300余万，尚不及隋朝昌盛时期的1/5，即便是河洛一带历朝富庶之地，也是千里萧条，一片荒凉

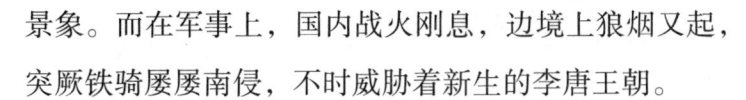

景象。而在军事上，国内战火刚息，边境上狼烟又起，突厥铁骑屡屡南侵，不时威胁着新生的李唐王朝。

面对千头万绪，唐太宗首先想到的却是百姓的教化问题。即位之初，唐太宗便亲自主持了关于"自古理政得失"的辩论，力图寻找到一条实现"天下大治"的途径。从中他制定出"抚民以静"的施政方略。

唐太宗亲眼目睹了隋末农民战争的汹涌波涛和隋王朝由盛转衰迅即灭亡的短促行程。这一幅幅触目惊心的历史画卷给了他特别深刻的印象。他常以隋亡为鉴，检点自己的言行。

有一次，宰相房玄龄向太宗建议："近来清点兵器，发现我们现有的兵器比隋朝时少，可以考虑增加一批。"太宗说："增加兵器以御外敌固然重要，不过，目前最要紧的事是安抚民心，稳定人心。隋炀帝的灭亡，并不是因为兵器不足，而是无视民心向背，以致民怨沸腾。我们要以隋亡为教训，不可须臾忘记。"

有一次，太宗与群臣讨论如何制止"盗贼"的发生。有的大臣主张严刑酷法。他笑了起来说："人民之所以为盗，是因为赋繁役重，官吏贪得无厌，饥寒交迫，无暇顾及廉耻的缘故。只要去奢省费、轻徭薄赋，选用清官廉吏，使人民衣食有余，自然就不做盗贼了，还哪里用得着重刑。"他又说："国君的患难不是来自外面，而是来自本身。如果国君的欲望强烈，浪费就要巨大。浪费浩繁，就要加重赋税；加重赋税，人民就要愁苦；人民愁苦，国家就要危险；国家危险，国君就要灭亡了。"此话出自一个封建皇帝之口，难得得很！

　　唐太宗十分推崇汉朝的文、景二帝，他把文、景二帝看成是治国安民的明君，并且尤为倾心于文帝"夫农，天下之本也"的重农思想。他反复强调"静之则安，动之则乱"，确定重农安民、抚民以静为特征的施政方针，并且采取具体有效的措施加以落实。

　　唐太宗的做法很简单，一是轻徭薄赋，恢复

←武官俑

经济；二是戒骄戒奢，克俭克勤。

武德九年（626年）八月，太宗一即位，立即宣布免除关内6州两年、全国其他地区一年的租赋。贞观元年（627年）二月，诏令民男20岁、民女15岁以上未成家者，由州县官府"以礼聘娶"，因家贫无钱成婚

→ 体现多民族文化融合的唐三彩载乐俑

者，命乡里富人和亲戚资助，以安定民心。同年夏天，又下令免除山东诸州的租赋。

贞观元年至三年，关中、河洛一带连续发生水旱蝗灾，农民流离失所。唐太宗极为重视赈灾工作，命令开仓放粮，取出国库中的金银珠宝，替那些卖儿卖女的父母赎回儿女，妥善安排饥民到丰收区就食，以减轻灾情的压力。

←鎏金舞马衔杯纹银壶

在蝗灾旱灾最为严重的贞观二年（628年），他曾下诏大赦天下说："请将灾祸集于我一个人身上，保护全国的百姓。"他甚至还在御苑中吞食蝗虫数只，祈祷皇天，毋害百姓，他说："百姓以谷为生，而你将它们吃光，我宁愿让你们吃我的肺肠，保留下百姓的谷物。"这虽说是一种政治姿态，但在一个皇帝心中，农业占有如此重要的位置，确实难能可贵。

要使百姓"安静"，必须使百姓有地可耕，有田可种。做到人尽其力，地尽其用。隋末战乱，人口稀少，土地荒芜，大量荒地的存在是唐初实行均田制的前提。唐初政局仍不稳定，人心浮动，不思耕稼。唐太宗对此深感忧虑。为了安定民心，使百姓静下心来发展生产。他一方面在全国大力提倡开垦耕种，同时又积极切实地推行唐初以来实行的均田制。

唐太宗积极鼓励百姓迁往空闲地较多的地区。对于官势之家逾制占田，严诏禁止。同时以减免赋役负担来奖励农民垦土拓荒。在他的敦促和支持下，各地地方官吏也认真贯彻执行。可以说，贞观年间是唐朝

→ 耕织图

推行均田制最有效的时期。

为了使农民能安心生产,唐太宗推行轻徭薄赋的政策。他通过归并州县、精简官吏、完善府兵制度等措施,减少国家开支。

唐太宗曾目睹了隋炀帝大规模无休止的营造,给人民造成的苦难。他即位之后很注意克制己欲,避免过多的营造。有时土木工石材料都准备好了,但是想到隋炀帝的下场,只好停止修建。贞观二年(628年),因皇宫房屋地势偏低,夏天酷热,唐太宗时常生病。群臣建议修建一座干燥的高台。他却说那样做太浪费了,还是不造为好。在唐太宗身体力行的推动下,唐高祖武德年间的奢侈之风得到了很大程度的抑制。

增殖人口,这是唐太宗重农政策的一个重要组成部分。因为要发展农业生产,必须有足够的劳动力。

← 戴胡帽的三彩女骑俑

→骑马人物图

面对经隋末战乱，人口骤减的状况，他积极采取措施增殖人口。

第一，赎回外流人口。他多次下诏，招徕躲避战乱逃亡西北的汉人民众，甚至还用金银、布帛、马匹、牛羊等向北方突厥人赎取被突厥骑兵俘掠的汉人，前后多达200多万人。

第二，奖励婚嫁，生育人口。贞观元年，唐太宗专门下达了《劝勉民间嫁娶诏》，规定凡男年20岁、女年15岁的男女，应婚娶媾和，另立门户。并大力提倡鳏夫、寡妇婚配，并以物质奖励男丁的生产。同时，以婚数及人数增减作为考核地方官员政绩的重要依据。

第三，释放宫女，任其婚配。唐太宗先后两次大规模释放宫女，总计有5000人之多。让宫女返回民间，任意婚娶，既节减宫廷开支，又为社会增殖人口。这件事一直被后世称为"盛世之举"。白居易有"怨女三千放了宫，死囚四百来归狱"的诗句，上句便是称赞这件事的。由于措施得力，使唐初人口数量剧增。贞观二十三年，全国户数已达380万户，比武德年间增加了近一半。人口的增加，给农业带来了生机和活力。昔日荒芜的田园和破败的村落，出现了"百姓熙熙往来"，鸡犬之声村村相闻的景象。

水利是农业生产的命脉，唐太宗从重农为本的思想出发，十分关注水利工程的建设。自唐太宗开始，专门设置了治水的机构和官员，以加强水利工程的管理和建设。工部设有水部郎中和员外郎，职责是管理灌溉和河渠的修理等事务。

贞观十一年七月，洛水暴涨，九月黄河泛滥，毁坏很多地方，淹没不少人家。唐太宗得知，亲自到白司马坂巡视水情，责

← 唐代舞俑

成地方官吏尽快组织人力，挖掘河道，排除积水，抗洪救灾。唐太宗以此为教训，同时命各地官吏，组织百姓利用农闲时节兴修水利。贞观一代，修了二十余处水利工程，居唐代之首，如宁夏平原的唐徕渠等，很大程度上促进了当时农业经济的发展。唐太宗还制定了专门的法律——《水部式》，来保护水利设置的合理使用。唐太宗严于执法，凡违反《水部式》的官吏，都要受到严惩。

由于唐太宗制定了"抚民以静"的治国方略，从各个方面积极推行重农政策，很快便医治了由于隋末战乱所带来的社会创伤。贞观四年（630年），全国农业大丰收，流散人口纷纷回乡。从此，唐王朝经济开始走上了复苏之路。直到贞观十六年，几乎连年丰收。

→ 黄河

←唐后行从图

唐代史学家杜佑曾描绘说："自贞观以后，太宗励精为理。至八年、九年，频至丰稔（丰收之意）。米每斗四、五钱，马牛布野，外户动则数月不闭。至十五年，米每斗两钱。"这些描绘虽不乏有夸大溢美之处，但仍可以相信在唐太宗重农政策的推动下，唐朝的农业经济有了飞速的发展。

大唐盛世的开创者 **李世民**

求贤举能 知人善任

> 得十良马，不若得一伯乐；
> 得十良剑，不若得一欧冶；
> 得地千里，不若得一圣人。
> ——吕不韦

明末著名学者王夫之研究《资治通鉴》时，对唐代贞观时期人才济济的盛况叹为观止。他称赞道："唐多能臣，前有汉，后有宋，皆所不逮！"唐太宗一朝，贞观能臣为"贞观之治"贡献了自己的聪明才智。从一定意义上说，所谓封建社会黄金时代的"贞观之治"，实际上是任贤致治。任贤举能与大唐盛世，相辅相成，互为表里。而唐太宗卓越的人才观，又与人才的汇集并能充分发挥效能，有着直接的因果联系。

唐太宗从自己的实践中深刻地体会到："为政之要，惟在得人"，"致安之本，惟在得人"。无论是在烽火连天、戎马倥偬的战争岁月，还是国泰民安、歌舞升平的太平年代，无论是在紧张繁重、日理万机的治

政治家卷 039

国之中，还是在闲窗无事、对酒赋诗的休闲时刻，唐太宗念念不忘的一件大事就是罗致人才。"拔人物则不私于党，负志业则成尽其才"，他不仅从亲人、旧属中筛选贤能，而且还从疏人、新人，甚至是敌人、仇人中选拔奇才，大胆录用，委以重任。凡能为其所用者，唐太宗都兼收并用，充分发挥他们的才能。具体表现在几个方面：

第一，他不计较人才来自于哪个政治集团。

唐太宗手下的文武大臣，既有隋朝的官吏，如萧王禹、屈突通等；也有来自王世充集团，如戴胄、张公谨等；李勣、秦叔宝、程咬金等大将出身瓦岗农民

← 李勣墓出土的『三梁进德冠』

大唐盛世的开创者　**李世民**

←长孙无忌

军；尉迟敬德来自刘武周集团；张玄素来自窦建德集团；魏征、王珪等来自李建成集团；等等。唐太宗善于从各个方面广泛搜罗人才为己所用。这既说明唐太宗的大度胸襟，也显示了他的过人之处。

第二，他选才不计较亲疏恩怨，内举不避亲、外举不避仇。

内举不避亲。长孙无忌是唐太宗长孙皇后的哥哥，又是唐太宗的好朋友。太原起兵时，便和唐太宗出生入死打天下。玄武门之变，无忌是主谋之一，位列"佐命元勋"。外戚掌权历来为各朝各代所忌惮。长孙皇后和长孙无忌怕引起祸端，多次要求只当一个空头官儿，以避裙带之嫌，但唐太宗不允，坚持任命长孙无忌为宰相。他说："我选拔的是人才，不是妻舅。"

外举不避仇。魏征原是太子李建成的心腹谋臣，出谋献策，谋诛李世民。玄武门之变后，魏征成了阶

政治家卷　041

下囚，被斩首杀头，早在众人意料之中。但唐太宗却不计私仇，慕其出众的才识和忠贞耿直。从治国大局出发，反而日见亲重，委以重任。先是命他为谏议大夫，不久又命他巡视山东，可以自行处理事务。后来不断提升，7年后，魏征成为贞观朝代的倾朝重臣。魏征从仇敌而位极人臣，如此落落大度，在封建帝王中是极为罕见的。这一举动使人心骚动的敌营很快稳定下来。

第三，不计较出身资历。士庶并举，官民同申。

← 张公瑾

大唐盛世的开创者　李世民

从马周的故事，足见唐太宗求贤若渴的精神。

贞观五年（631年），唐太宗要求朝中群臣对朝廷政事各陈己见，指出得失成败。中郎将（皇帝侍从武官）常何上书，一下子提出了二十多条建议，条条都切实可行，合乎太宗的心意。太宗很高兴，但又感到有些蹊跷。常何是一介武夫，素来不涉经籍，文墨不通，何来神来之笔呢？经过了解，原来常何的奏疏是他家的食客马周代写的。唐太宗立即召见马周，并一连四次派人催促。足见他对这个素未谋面的落魄文人

→ 锁谏图

是何等的思贤若渴。接见交谈后，太宗对马周的才学大加赏识，把这个穷困潦倒的书生一步步擢升，委以重任，直至中书令（中书省长官，相当于宰相），成为唐太宗的股肱之臣。马周见事敏捷，有机辨，深识事端，处事公允，敢于直言，深受唐太宗喜爱。唐太宗甚至说："我一会儿不见马周就想他了。"足见他们之间感情之深厚。

第四，不重汉轻夷。重用异族将领，夷汉爱之如一。

古代的帝王无不重汉轻夷，将少数民族视为异己，

←李靖

加以歧视排斥，甚至诛杀。但唐太宗却没有这种民族偏见，大胆起用不少少数民族出身的将领。如突厥族的阿史那社尔以智勇双全著称，深为唐太宗所器重。贞观十四年（640年），唐出兵高昌，唐太宗任用他为交河道行军总管统兵出征，大胜而归。阿史那忠，也是突厥族将领，他历任数职都以清正廉洁而闻名，官至右骁卫大将军，薛国公，成为一代贞观名臣。

唐太宗对铁勒族酋长契苾何力的任用，更能表现他对少数民族将领亦能用人不疑、推诚以任的宽阔胸襟。贞观九年（635年），契苾何力随唐军攻打吐谷浑。唐将薛万均被打败，幸得契苾何力奋力救护，方得脱险。战争胜利后，薛万均歪曲真相，谎称契苾何力战败，自己救援有功。契苾何力听后大怒，拔刀而起，欲杀薛万均，幸得诸将劝止。太宗闻讯后亲自过问此事。契苾何力如实说明了情况，太宗对他更加信任，将自己的女儿嫁给了他。贞观十六年（642年），契苾何力回凉州探望母亲，被部下裹挟到薛延陀。在薛延陀部落中，契苾何力拔刀大呼："岂有大唐将领，受辱番庭，天地日月，愿知我心！"割下左耳以明志。外间谣传契苾何力已叛唐，唐太宗毫不相信，说："何力侠肝义胆，铁石心肠，岂能背叛我。"后来得知真实情况后，哭着对群臣说："你们现在知道何力是什么样的人了吧？"派人重礼去薛延陀赎回契苾何力。契苾何力归国后更得太宗信赖。太宗死后，契苾何力极度悲伤，要杀身陪葬。一个异族酋长对一个汉族皇帝如此忠诚，这在整个中国封建史上是绝无仅有的。

第五，善于用人之长，不求全责备。

到贞观四年（630年），唐太宗初步建立了以房玄龄、杜如晦、李靖、温彦博、魏

← 房玄龄

大唐盛世的开创者 **李世民**

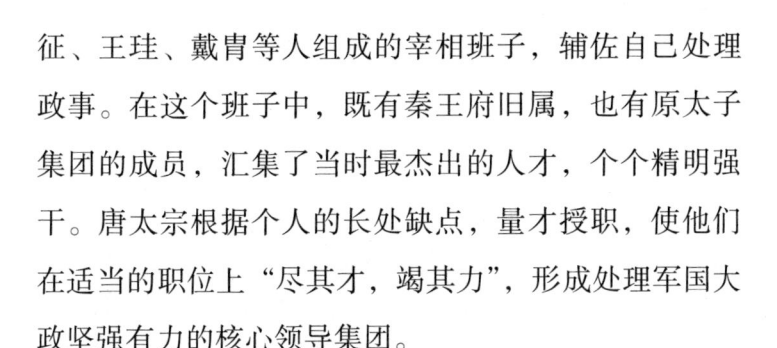

征、王珪、戴胄等人组成的宰相班子，辅佐自己处理政事。在这个班子中，既有秦王府旧属，也有原太子集团的成员，汇集了当时最杰出的人才，个个精明强干。唐太宗根据个人的长处缺点，量才授职，使他们在适当的职位上"尽其才，竭其力"，形成处理军国大政坚强有力的核心领导集团。

唐太宗一再督促左右大臣要重视"选贤荐能"，发掘人才。当时，尚书省是中央政府的最高行政机构，政务相当繁杂。贞观初年，房玄龄、杜如晦任尚书省左右仆射（尚书省最高长官，相当于宰相），大小事情，无不亲自过问，可谓是兢兢业业，不辞劳苦。然而，太宗对他们的工作并不满意，批评房、杜二人说："你们身为仆射，首要的任务是为我分忧，广开耳目，求访贤哲。像你们这样整天忙于应付签发文件，接待来访，陷于事务之中，哪里还有时间求贤呢？"于是关照尚书省，以后琐

→李孝恭

碎事务，交付一般官员处理，唯有重大事务才报告仆射，让仆射有充足的时间和精力考虑选拔人才。

← 柴绍

对于那些不尽力求贤的大臣，唐太宗也丝毫不给留什么情面。太宗即位不久，就令宰相封德彝举荐贤才，但过了很久，还不见他推荐过一人。太宗便当面问道："我命你举荐贤才，为何至今毫无动静，难道你忘了这件事吗？"封德彝回答说："陛下的命令，臣哪敢不尽力而为，只是天下确实已没有什么奇才异能之人。"太宗听了十分生气，说："帝王用人，就好像我们使用器具一样，应各取所长。古人治理国家，都是取当世之才，岂有到几百年前借用人才的道理。每一个朝代都会有自己的贤才，可怕的是不善于发现他们。你不尽力举贤已属失职，怎么可以诬蔑我大唐天下没有人才呢？"封德彝被太宗奚落得面红耳赤，羞愧得说不出话来。

封建时代，统治集团的团结问题，实质上是如

大唐盛世的开创者 **李世民**

→褚遂良

何处理好君臣关系问题。在这方面，隋炀帝是一个很好的反面例子。他为人刻薄寡恩，猜忌多疑。当了近二十年宰相的高颎、灭陈的大将贺若弼，都因背后议论朝政被杀了头。唐太宗深知这种猜忌的危害。所以他即位之后，对待臣僚特别留心在"诚信"方面下功夫。玄武门之变后，唐太宗把原太子集团党羽收为自己的部属，开诚布公，化敌为友。曾经有人向唐太宗建议，要除掉身边的佞臣。唐太宗问道："你所说的佞臣是谁？"那人回答说："臣不在朝廷任职，不能确切指出谁是佞臣。但希望陛下上朝时大发雷霆，那个敢于执理不屈的便是直臣，那个奉承顺从的就是佞臣。"唐太宗说:"我要以至诚治天下,不提倡欺诈权术。你的办法倒不错,但我决不采取!"由于唐太宗用人不疑,从而使受任者感恩图报,恪尽其职。

贞观年间人才济济的盛况是与唐太宗的用人举贤之策分不开的。唐太宗求贤,是为了任贤,所谓"任官惟贤才"。任用官职只能任用才能、德行兼备的人物。贞观一代,唐太宗始终遵循德才兼备的标准去衡量人才、选拔人才。不管是至亲、勋旧,还是过去的仇人,只要才行兼备,就及时加以重用。相反,如果才行不至,即若皇亲国戚,亦不虚授。

武德九年(626年)九月,唐太宗初登皇位,当面评定功臣的官爵,授房玄龄、杜如晦以重职。

← 杜如晦

大唐盛世的开创者 **李世民**

←段志玄

他的堂叔李神道首先当廷抗议,说:"太原起兵之时,我第一个在关西响应起兵。如今房玄龄、杜如晦光靠笔杆子在我之上,我不服!"唐太宗回答说:"叔父在关西首先响应义旗,也是形势所逼,自逃祸难。窦建德吞并山东,叔父全军覆没;刘黑闼再起,叔父又望风而逃。叔父是皇家的至亲,对叔父我决不吝惜一切,只是不能因私恩就同功臣一样滥行赏赐。"驳得李神道面红耳赤,乖乖退下。不久,没有宗室皇亲关系但德才兼备的房玄龄、杜如晦被擢升为宰相,充分发挥了他们的聪明才智和治国安邦之能,史称"房谋杜断"。

贞观十七年(643年)二月,唐太宗曾于凌烟阁图画了24位功臣像:长孙无忌、房玄龄、杜如晦、魏征、尉迟敬德、李孝恭、高士廉、李靖、萧王禹、段志玄、刘弘基、屈突通、长孙顺德、殷开山、柴绍、

政治家卷 051

张亮、侯君集、李勣、张公谨、程咬金、虞世南、刘政会、唐俭、秦叔宝等。此外，还有著名的文学之士，如姚思廉、陆德明、孔颖达、颜师古等。有卓越的书法家和画家，如欧阳询、褚遂良、阎立德、阎立本等。杰出的少数民族将领，如阿史那社尔、契苾何力、执必思力等也在其中。这些良臣猛将、文人学士在"贞观之治"中贡献了自己的聪明才智，正是唐太宗广开言路、知人善任的生动写照。

唐太宗像一个不知疲倦的伯乐，把一匹匹千里马挑选出来；又像一个高明的乐队指挥，自如地调配着各种乐器的声响。当我们今天重温这段历史的时候，不得不对唐太宗的用人之策发出由衷的赞叹。

← 孔颖达

广开言路 从谏如流

> 简能而任之,择善而从之。
> ——魏征

所谓谏,是指下级对上级的直言规劝。对一个高高在上、金口玉牙的皇帝来说,他所任用的人敢不敢向他的行为提出批评,指出他决策之中的不当之处,这是至关重要的大事。所以任贤与纳谏,实际上是同一事情的两个方面。

唐太宗借鉴前代成败得失的经验教训,认识到一个人不能独断天下事务,为使唐王朝长治久安,必须依靠"忠良辅弼"才能够身安国宁。

贞观年间,由于唐太宗兼听纳下,君臣共商国是,谏诤蔚然成风。其宽松的政治环境,在历代封建王朝中,可以说是独树一帜。这是我国封建政治史上的特异光彩,也是唐初"贞观之治"之所以引人瞩目的重要方面。

唐太宗雄才大略、智慧聪颖,且从谏如流,位极

人主而兼听纳下，是中华民族历史上屈指可数的杰出政治家。他出身于贵族家庭，18岁便统兵征战，坐掌天下，本性刚强傲慢。但隋炀帝刚愎自用的影子时常在他头脑中盘旋。因此，他能随时用隋亡的教训来提醒自己，并要求群臣都要以隋亡为戒。国事有不当，务必畅所欲言。

← 骑马武士

大唐盛世的开创者　**李世民**

→唐太宗纳谏图

早在武德九年（626年）六月，李世民刚被立为皇太子时，就"会百官各上封事"。所谓"上封事"，就是文武百官提出关于治理国家的意见和建议。八月正式即位后，又号召百官"上封事"。短短几个月里，上书奏疏之多，简直像飞来的雪片。太宗曾对大臣裴寂说："有上书奏明政事，条数很多，我总是把他们贴在屋子的墙壁上，出入都可以观看到、想到。之所以这样的孜孜不倦，是想感谢臣子们的感情，有时为了思考一件政事，到了三更天才能入睡。"年轻的皇帝李世民励精图治，对臣下们的意见是何等的重视。

当然，要倡导谏诤，首先必须打消臣僚的顾虑。贞观元年，唐太宗上朝时，威容严峻，咄咄逼人；臣僚上书奏事，举止失措，顾虑重重。唐太宗知道后，马上改变态度，和颜悦色，诚恳地听取。此后，他又

政治家卷　055

多次表示,即使是"直言忤意",也绝不加以怒责。诚意如此恳切,大臣们也就乐于开口言事了。

唐太宗还用奖赏办法,鼓励臣下直谏。有个人叫元律师,被判死罪,司法官员孙伏伽进谏说:根据法律,不该处死,怎么可以滥加酷罚呢?太宗听后,觉得提得对,就赐给孙伏伽一座兰陵公主园,价值百万钱。有人说,孙伏伽所谏的是平常事,奖赏太厚了。唐太宗则认为,即位以来,未有过这样的直谏,所以给予重赏。

"贞观之初,恐人不言,导之使谏"。由于唐太宗的积极倡导,谏净风行一时。当时犯颜直谏、面折廷争的事屡见不鲜。上自宰相御史,下至县官小吏,甚至宫廷嫔妃,都有人敢于直言进谏。这种开明的政治局面,在中国历史上是前所未有的。

贞观一代,谏臣济济,其中最杰出的当推魏征。魏征原是太子李建成的亲信幕僚,是唐太宗的政敌,在朝廷上犯颜进谏,处境有时十分尴尬,甚至是很危险。但他深知

←魏征

大唐盛世的开创者　**李世民**

太宗皇帝求治心切,十分希望能够得到各方面有才能之士的支持和辅助。而作为皇帝来说,唐太宗的胸怀和气度确实是比较宽广的。显然,魏征和唐太宗在政治抱负上有着许多相同点,使得君臣之间能够相辅相成,相得益彰。

魏征一生中前后向太宗进谏二百余事,两人有时争得面红耳赤,剑拔弩张。在把太宗皇帝弄得很尴尬,雷霆大发,其他大臣都吓得低头不语的时候,魏征仍然神色镇定地陈述自己的意见。唐太宗对他也害怕几分。有这样一个故事:曾有一次,唐太宗在御花园中正在玩一只漂亮的鹞鹰,远远望见魏征来了,怕魏征谏议,便顺手将鹞鹰藏在怀里。其实,魏征早已看见,

→ 魏征雕像

政治家卷　057

←打扮奇特的女骑手

故意拖延奏事时间,唐太宗只好静听,始终不敢把鹞鹰取出来,结果把它闷死在怀中。

贞观初年,国家疮痍未复,连年灾荒。数年后,生产恢复了,社会安定了,对外战争取胜了,唐太宗逐渐居安忘危了。贞观十一年(637年),他下令在洛阳修造飞山宫,魏征上书提醒他:"隋炀帝倚仗国家富强,不顾后患,穷奢极欲,使百姓穷困,以致被人杀死,弄得国家一片废墟。陛下拨乱反正,应该好好想想炀帝是怎样失去天下,陛下是怎样取得天下的!"同年,唐太宗出巡河南,因为供应不足,对官员大发雷霆。魏征说:"当年隋炀帝每到一处,就暗示地方官员贡献酒食，弄得怨声载道。这是陛下亲眼看到的，怎么向他学习呢！"唐太宗大吃一惊，说："亏你提醒我。"

一次，唐太宗打算出巡山南（指秦岭以南），已经整装待发了，却没有成行。魏征知道后询问原因，太宗回答说："当时确有此心，但因为害怕您谏止，所以自行停止了。"

贞观十一年（637年），魏征上书《谏太宗十思疏》。文章深寓明理，词锋犀利。太宗读后，大加赞

→韩熙载夜宴图（局部）

叹，深为魏征的直言精神所感动，他工工整整地把文章抄录下来，放在办公的几桌之上，当作座右铭。每隔一段时间，便重温这篇奏议，一字一句细读，甚至忘了倦怠，一直读到深夜。两年之后，魏征见唐太宗在生活上、政治上与贞观初相比，较为懈怠和铺张，于是又上了一篇《十渐不克终疏》。奏章中列举了10个方面的事实，尖锐地批评了唐太宗。唐太宗看后心服口服，将这篇文章抄列在屏风之上，以便早晚都能看到它。

魏征针对唐太宗怕亡国的心理，随时随地用隋炀帝失败的教训来提醒他，使他能从奢纵的道路上猛醒过来。但唐太宗毕竟是一个自尊心很强、至高无上的皇帝，对过分尖锐的话也常常不能忍受。有一天，唐太宗怒气冲冲地回到宫院，见到长孙皇后，说道："总有一天杀掉这个乡巴佬！"皇后问是谁，唐太宗说："魏征经常当众侮辱我！"皇后听后立即换上朝服，站在庭院中。唐太宗惊问："这是干什么？"皇后说："古语说得好，'君明臣直'。魏征直，正是陛下英明的缘故。妾特向陛下祝贺！"唐太宗听罢大悦。魏征不是孤立的，在唐太宗的周围有一批敢于进谏、乐于进谏的大臣。

魏征病了，不能上朝，唐太宗亲自写信给他说：

"几天不见,没有规劝,我的过错多了。本想去府上听你的意见,怕你受劳累。若有什么意见,就写了送进来。"魏征死后,太宗非常惋惜和悲痛,他说:"以铜为镜,可以正衣冠;以古为镜,可以知兴替;以人为镜,可以明得失。今天魏征死了,我失去了一面镜子。"他颁布诏令,号召臣僚们以魏征为榜样,做到直言无隐。

在唐太宗心目中,魏征是一个热血滚滚的贤臣。魏征去世后,太宗总是想念他,常常登上凌烟阁看他的画像,表达了对谏臣无限的哀思和怀念。贞观末年,太宗亲征高丽,失利班朝后,对发动这次战争很后悔,

→御者

←唐太宗李世民和勋臣群雕

惆怅地说:"魏征如果活着,我怎么会有这一趟辽东之行呢?"

唐太宗的可贵之处在于:虽然他是一个封建皇帝,但他从来不把自己看作是无所不能的超人,也不把自己当作一个永不犯错误的圣贤,而是把自己看作随时出纰漏,闹乱子的凡人。而官员们也都把皇帝当做自己的知己,忠心耿耿地为李唐王朝效力。

贞观二年(628年)正月,唐太宗提出了一个令人深省的问题:"何谓明君?何谓暗君?"魏征回答说:"兼听则明,偏信则暗。"紧接着,列举秦二世、梁武帝、隋炀帝"偏信"则亡的历史教训,证明"兼听"就会有"天下之治","偏信"就会造成"天下大乱"。"兼听则明,偏信则暗"这句著名格言便成为唐太宗治国安邦的恪守法则。

唐太宗不仅从历史人物身上，而且从平常事例中体验到个人认识的局限性。有一次，他得到良弓数十张，送给工匠验看。工匠说："这些弓表面上看制作精细，但算不上最好的弓。这些弓的木料木心不正，脉理歪斜，虽强劲，但都不是良弓。"事后，他深有感触地说："我自幼喜好弓矢，原以为自己对弓的优劣是很精通的。现在才知道并非如此，只知其一不知其二。我以弓箭平定四方，十几年弓不离身，日夜揣摸使用，尚且不能完全认识它，更何况是天下大事那样复杂繁多，我又怎能样样都了解、都清楚呢？"可见，唐太宗是颇有自知之明的。

唐太宗不仅在思想上、行为上从谏如流。值得注意的是，他还从制度上保证广开言路、求谏纳谏。

（一）健全封驳制度

唐初沿袭了隋朝的三省六部制。尚书省、中书省和门下省

→唐三彩绞胎骑马射雕俑

←彩绘釉陶骑马乐俑

的长官，尚书左右仆射、中书令与侍中都是宰相。唐太宗为了集思广益，往往让一些职位稍低的官员以"参政议政"的名义，加入最高决策集团。这样，他就能够了解更多的意见，在兼听博采的基础上，作出了符合实际的决策。

　　唐太宗还重申中书省和门下省办事的旧例。原先，按规定，军国大事要由6位中书舍人各陈己见，并杂署其名，称"五花判事"。判敕诏命草成，经由中书侍郎、中书令审查；然后交门下省（给事中、黄门侍郎）封驳，论其得失，继由宰相秉公而断；最后由皇帝裁决，交尚书省，付外执行。但是，封建官场往往不会认真地照此办理。据此，唐太宗要求大臣们敢于负责，敢于讲话，可以驳回不妥当的政令，决不能"阿旨顺情，唯唯苟过"。充分发挥了三省的决策、封驳、执行

←内人双陆图

的作用。

（二）反对盲目"顺旨施行"

众所周知，封建官场的一个痼疾就是"顺旨"办事，上面怎么说，下面怎么干，只要保住乌纱帽，管他办得好不好。对此，唐太宗鉴于隋朝"宰相以下，惟即承顺而已"的教训，特作出规定：重要政务，"皆委百司商量，宰相筹划，于事稳便，方可奏行"。

（三）重视谏官的作用

唐太宗即位前，就十分重视谏官的选择。武德九年（626年）六月，先后起用原东宫有才之士王珪、韦挺、魏征等为谏议大夫。这些谏官在谏诤方面起了重要的作用。

贞观时期，谏官可以随宰相到西仪殿议论国事，它不仅反映了谏官地位的提高，鼓励他们极言进谏，而且更多地使唐太宗在平常视朝中听到各种不同意见，以便全面掌握情况，择善从之。刘兢著的《贞观政要》一书，就是唐太宗君臣商讨如何巩固封建统治的主要记录，它被以后历代封建帝王奉为金科玉律。

←三彩女立俑

（四）区别直谏与讪谤的界限

既然鼓励直言进谏，就难免有些人把话讲过头了。如何对待，颇为重要。唐太宗在从谏中，不计较直谏的态度激烈，只问其意见是否提得对。

当然，在倡导谏诤的过程中，有些人趁大开言路之机，诬陷好人，企图浑水摸鱼的情况也是有的。唐太宗特意申明："无识之人，务行谗毁，交乱君臣，殊非益国。"主张对那些真正诽谤诬陷他人的人严加惩处，这样才能杜绝谗搆之端，以利于广开言路。

唐初谏诤之风的盛行，对于当时政治清明起到了积极作用，唐太宗也作为谏诤之风的倡导者而名垂青史。

→ 唐代诗文瓷执壶

宽刑简政 以法治国

> 恩所加则思无因喜而谬赏，罚所及则思无因怒而滥刑。
>
> ——魏征

贞观六年（632年）九月，唐太宗在他出生的地方庆善宫（在陕西武功境）大开宴会。会上弹音、歌舞、赋诗，热闹非凡。正当气氛浓郁的时候，一个人突然大叫起来："你有屁功，敢在我的上座。"接着听到有人在劝解。但是，"呼"的一声，劝解人的脸上挨了一拳，眼睛顿时青肿起来，场上欢乐的气氛立即消失了。经查问，被骂的人是太上皇李渊的宠臣宇文士及，被打的是江夏王李道宗，打骂人的是唐太宗的爱将尉迟敬德。如此大煞风景，唐太宗只好宣布罢宴。他对敬德说："我见汉高祖诛杀功臣，认为是高祖的过错，所以总希望和你们共保富贵，子孙不绝。然而你做官却不断犯法，才深感韩信、彭越被剁成肉酱，不是高祖的罪过。国家纲纪，唯赏与罚，非分的恩典，不能常有。你要特别留神，否则后悔莫及！"国家纲纪，唯赏

大唐盛世的开创者 **李世民**

→长孙无忌

与罚。把法纪提到如此高度，是很有见地的。

唐太宗认为，赏罚是国家大事，非常重视法治，把法治作为施政纲领，用赏罚两种手段推动各种事业的前进。为了明确赏罚标准，他首先抓了国家立法工作。他让长孙无忌和房玄龄对高祖武德年间草创的《唐律》作了重大的修改和订正，删繁就简，除酷从宽。贞观十一年（637年）正月，新的《唐律》正式颁布全国。新律令定"律"500条，分为12卷。其后，唐高宗初年，长孙无忌等人又逐条对《唐律》加以解释，称为《唐律疏议》，共12篇30章502条。这部《唐律》是唐朝的根本成文法。它成为我国封建社会保存下来的最古老、最完整的一部重要法典，对后世产生了深远影响。唐以后各王朝的法律，基本上都以《唐律》为依据，只是有所增删而已。

此外，唐初又定"令"1546条。所谓"令"，就是

政治家卷 069

国家的制度和政令。同时又修改了武德九年的制敕，把3000条精简为700条，称为"格"。"格"就是文武百官的职责范围，作为考核官员的依据。最后又定出尚书省各部和诸寺、监、十六卫的工作章程，称为"式"。"律、令、格、式"的内容包罗万象，从国家政治制度到社会经济生活，以及民间的婚丧嫁娶等方面，都有详细规定。凡是违纪"律、令、格、式"的，"一断以律"。

唐太宗的立法思想有两点值得注意：一是强调立法要慎重、稳定和简明；二是法律和伦理道德相结合。他反对经常变更法律，变更多了必然陷于繁琐，以致使执法人员无法遵循，具体执行时容易营私舞弊。另一方面，他主张简化法律条文，反对把一种罪分为很

反映隋代生产场景的白陶碾与执箕俑

多条。在他的立法思想指导下，唐初法律经过几次删改以后，条文确实大大简化了。

《唐律》体现了伦理道德和法律的密切结合。西汉统治者用《春秋》断狱；东汉以来，法律逐渐与三纲五常结合，至唐更进一步，有意识地使"德礼为政教之本，刑罚为政教之用"。（《唐律疏议》序）也就是说，唐朝统治者把法律专政和思想统治结合起来，使二者相辅相成，统一为封建统治服务。

判定法律是一回事，执行法律经常是另一回事。隋朝有一套完整的行政制度和法律条规。然而，这个富强的帝国很快灭亡了。其中一个重要原因，就是隋炀帝压根儿没有把一条法规放在眼里。相反，从即位之时，便从各方面践踏这个法律。这个历史教训深为唐太宗所警惕。

为了使国家的"律、令、格、式"能贯彻执行，

步辇图　描绘唐太宗接见外宾情景

唐太宗在中央政府中专门设有御史台，掌管纠察弹劾事宜。他还经常派官员到各地访察，发现问题及时处理。

法治精神贯彻得好坏，关键在于皇帝的态度。皇帝自身必须是执法的典范，把自己纳入法典的制约中。魏征曾对唐太宗说："居人上者，其身正，不令而行；其身不正，虽令不从。"就是说，如果皇帝不以身作则，臣下很难奉公守法。

唐太宗吸取隋亡教训，执法甚严，对自己的亲族严加约束。他的叔父江夏王李道宗，过去对唐朝建立立过战功。但是他犯了罪，同样被捕入狱，并免去官职，削去封邑。宰相高士廉，是他的亲眷，因犯法和扣压大臣给皇帝的信而受降级处分，贬出长安。唐太宗对自己的子女也不例外，如吴王李恪，

←汉白玉狩猎武士俑

因好打猎，损害了农民的庄稼，被御史柳范弹劾，结果被免去官职，削户300。贞观十七年（643年），唐太宗的姐姐长广公主的儿子赵节参与了太子承乾的谋反集团，犯了大罪。公主的后夫杨师道是宰相之一，暗中为赵节活动，设法开脱。唐太宗得知，除将赵节按律处死外，将杨师道降职。唐太宗亲自到姐姐家中说明此事。公主扑倒在地，哭泣不停。唐太宗也哭着说："赏赐不避仇敌，刑罚不避亲戚。这是大公之道。我不敢违背这个原则，所以对不住姐姐！"

→高士廉

功臣勋旧同样也是法律贯彻的阻力之一,唐太宗也不徇私情,严格执法。贞观三年(629年),濮州刺史庞相寿因贪污解除了职务。庞相寿直接向太宗求情,说自己在秦王府做事多年,请求太宗看在老部下的情分上,宽恕他这一次。太宗起初起了怜悯之心,打算恢复他的职务。魏征说:"秦王府里里外外人员众多,如果他们都援例倚仗皇帝恩典,违法乱纪,那么,善良的人能不寒心吗?"唐太宗无奈,对庞相寿说:"我以前是秦王,是一府之主。今天做了皇帝,是天下之主,要顾全大局,不能偏袒旧人。"仅赏赐一些绸绢作为川资相送。庞相寿拜谢而去。

官吏贪赃枉法,是古代中国难以治愈的痼疾。唐

←唐代天王俑

大唐盛世的开创者　**李世民**

→唐三彩鹦鹉壶

　　太宗为了改变这种情况，主张严惩贪污分子。当时京官"犯赃者"必须上报皇帝，处以重刑。凡主管官员利用职务之便进行贪污者，1尺绢杖100，15匹则判处绞刑。有力地扼制了肆虐猖獗的贪污现象。

　　唐太宗刚强自负，容易冲动。但由于眼前有一个隋炀帝速亡的阴影，使他不得不谨慎从事。他常说："我深恐自己因喜怒妄行赏罚，造成不良后果，所以望诸位大臣们不断向我提出意见！"贞观二年（628年），唐太宗任命卢祖尚出任交州都督。卢祖尚借口身体有病，不愿赴交州上任。唐太宗再次召见说服他，卢祖尚坚决不肯赴任。唐太宗大怒，立即命人将卢祖尚在朝堂中斩首。事后他后悔不迭。一次，太宗和大臣们讨论北齐皇帝高洋的作风。魏征说："高洋狂暴无道，但和人辩论时，自知理屈，也就听从别人，这是高洋的长处。"唐太宗说："对！卢祖尚固然有错，但我杀他，未免残暴，看来连高洋也不如了。"主动承认了错误。

　　唐太宗在执法方面也能主动听取大臣的意见，一旦发现执法有错，便及时更正。贞观元年（627年），隃（左右换位）县县令裴仁轨私自使役门夫，被唐太宗查办以重罪。殿中侍御史李乾祐进谏说："法律是陛下和天下人共有的。裴仁轨犯了轻罪，却受了死刑，这样就把刑法搞乱了，别人就不好依

← 白瓷武士俑

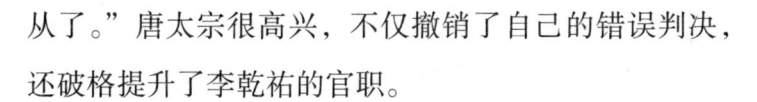

从了。"唐太宗很高兴,不仅撤销了自己的错误判决,还破格提升了李乾祐的官职。

由于唐太宗以身作则执法如山,这在中央和地方政府中,起了典范作用,使唐初逐渐形成执法严肃令行天下的风气。

为了减少错案,慎重执法。唐初允许被告人自己申辩。法官如果拒不接受,有意阻挠被告人申辩,即是犯罪行为,要打50或100杖刑。

唐太宗对死刑的判决尤为重视。他即位第二年就下令,凡是死刑,都必须经过中书省、门下省的正副长官和四品以上的官员认真研究,以免有错。贞观五年(631年),他又下令说:"自今后,在京诸司奏决死囚,宜二日中五复奏,天下诸州三复奏。"所谓五复奏,即规定在执

→唐昭陵彩绘人面镇墓兽

←唐代贵族藏药盒

行死刑之日前一二日须上报5次，至执刑之日又复奏3次。这样，增加了纠正冤狱错案的机会。这种对法治的谨慎做法，和隋炀帝"盗窃以上，不须上报，一律处斩"的决断相比，那就不啻天渊之别了。

唐太宗宽刑简法，健全法制，在当时的社会条件下相对地减轻了对广大人民百姓的压迫，在一定程度上缓和了社会矛盾。但是，封建王朝的法律归根结底是保障封建地主阶级政治、经济利益的依据，是镇压人民反抗，维护封建秩序的工具。《唐律》的阶级实质丝毫也没有改变。如《唐律》第一条明确规定：犯"十恶者"一律处死不赦，一家犯法，亲族受刑；一家犯法，邻里连坐。所谓"十恶"，即指谋反、谋大逆、谋叛、恶逆、不道、大不敬、不孝、

→ 狩猎图

不睦、不义、内乱。这都是主要针对人民百姓的。而封建统治阶级中的贵族官僚们却享有特权。《唐律》中明文规定有"八议",即议亲、议故、议贤、议能、议功、议贵、议勤、议宾,即贵族官僚们,犯罪后可以从轻议罪。

此外,唐太宗实施的某些宽刑简政的措施,带着明显的虚假色彩。如贞观六年(632年)十二月,唐太宗查阅死刑案件,深感死刑的残酷。于是下令将全国死囚,约390人全部放回家与家人团聚,从事春耕,约定于来年秋天到京师服刑。第二年九月,这390人无一亡匿,都如期到达。唐太宗看到他们

全部都赶到了,高兴地把他们都赦免释放了。这一事件,在中国封建社会史上传为美谈。其实,这是唐太宗为了粉饰太平,提高自己的威望,特意与某些官员在背后导演的自欺欺人的假戏。试想,犯有重罪的近四百名死囚,在所谓的"无人督帅"的情况下,预先不被告知将获赦免,能老老实实如期归狱吗?

但应该承认,在经济凋敝、灾荒连年的贞观初年,唐太宗实行的"抚民以静""与民休息"和宽刑简政、戒奢从俭的措施,在客观上对减轻百姓负担,发展农业生产,安定社会秩序是有积极作用的。唐太宗的功绩是不可磨灭的。

←昭陵六骏雕塑

四 海宁— 民族融合

> 自古皆贵中华，贱夷狄，朕独爱之如一。
> ——李世民

大唐帝国是我国封建社会的隆盛时代，疆域空前辽阔。贞观十四年（640年），势力已东至朝鲜半岛，西北至葱岭以西的中亚，北至蒙古大漠，南至印度支那。"前王不辞之土，悉服衣冠；前史不载之乡，并为州县。"中央集权的多民族的统一国家在唐太宗时期进一步扩大发展，他开明的民族政策与他所开创的大唐盛世一样光耀史册，熠熠生辉。

唐太宗即位之初便面临少数民族贵族对北部边疆和中原的骚扰和侵袭。唐太宗经长期战争次第平定了东突厥、吐谷浑、高昌、伊吾等地的叛乱，统一了西北边疆，结束了长期加在中原人民头上的民族战争，又妥善地处理了同吐蕃、突厥、南诏、薛延陀等周边少数民族的民族关系，缓和了民族矛盾，扩大了各民族之间的交流往来，使统一的多民族国家得到进一步发展。唐太宗李世民是唐代多民族国家的奠基者，在各民族人民中享有崇高的声望，被尊为"天可汗"，成为境内各族的共主，唐朝时融洽的民族关系，是与唐太宗推行和亲、团结、德化的开明民族政策分不开的。

（一）抗击东突厥

唐太宗统一边疆的卓越建树，首推抗击东突厥的武功，它解除了隋末唐初严重的边疆威胁，揭开了中国民族关系史上的新篇章。

突厥是我国北方境内的一个古老民族。隋初分裂成东西两部。隋末战乱，突厥势力趁机扩大，一跃成为雄踞漠北、力控西域、势倾华夏的强大军事力量，曾将隋文帝围困在雁门关。隋朝末年，全国陷于分裂状态。突厥充分利用这一形势，纵横捭阖，使包括李渊在内的

←东突厥石人

→雁门关

北方割据势力无一不向它称臣纳贡。突厥贵族又屡屡兴兵至汾水和泾渭之滨，掠夺大量人口和牲畜、粮食，制造内战，给中原人民带来长期的深重灾难，严重威胁唐朝北部边疆的安全。

武德九年（626年）八月，玄武门之变后，东突厥颉利可汗乘李世民刚即帝位，统治秩序还没有全部恢复的机会，亲率20万骑兵，长驱直入，进犯长安，迅速进至长安40里外渭水便桥北岸。一时长安城内外上下人心惶惶。是战，是和？满朝大臣议论纷纷。当时，长安的兵力不如突厥，但唐太宗毫不示弱，决心征服突厥。他果断下令扣押进城刺探情报的突厥使臣，布置好军马，准备抗敌。接着，唐太宗以帝王之尊亲出

玄武门，率6骑经至渭水河上。颉利可汗见对岸有几个骑兵，马上出营，跃马横枪，奔驰而来，隔水遥望，见为首的正是太宗皇帝，不觉大吃一惊，不知如何是好。唐太宗义正辞严地谴责颉利可汗背弃盟约，挑起战火，使颉利哑口无言，不敢回答。不多一会儿，唐朝大军继至，鼓声震天，旌甲蔽野，军容严整，士气旺盛。颉利可汗不知虚实，以为唐军已有了充分准备，怕自己吃亏，不敢贸然挥师渡河，只得与唐太宗会盟于便桥之上，随即引兵北退。这便是历史上著名的"便桥之盟"。不折一兵一将，以一席话便退去20万突厥雄兵。便桥之盟，唐太宗表现出机智沉着的战斗作风，临危不惧，临战不慌，使这一严重时刻化险为夷。此后，唐太宗深谋远虑，积极备战，创造条件，等待时机，转入反攻。

昭陵六骏之"白蹄乌"，为李世民平定薛仁杲时所乘。

大唐盛世的开创者 **李世民**

→契丹渔猎木立俑

从贞观三年,终于出现了反攻的时机,突厥境内连续几年发生旱灾,以致"六畜多死""国中大馁"。另一方面,突厥境内很多被征服的民族,如契丹、回纥、薛延陀等,趁突厥灾荒纷纷起来反抗,从而削弱了突厥的军事力量。同时唐太宗为削弱突厥的力量,还积极分化瓦解突厥国家各民族的军事联盟,扩大其内部矛盾。贞观二年(628年),唐太宗派使臣到薛延陀部落,册封其首领俟斤夷男为真珠毗伽可汗,赐以旗鼓等,与他们结成军事联盟。

突厥内部的衰落和分裂,大大地改变了唐与突厥双方斗争的态势。唐对突厥的战略方针也便从防御转为进攻。贞观三年（629年）十一月，唐太宗在做好充分准备的前提下，主动出击。以李靖为行军总管，张公谨为副，又以李勣、柴绍、李道宗、薛万彻等为诸道总管，领兵十余万由陕西、山西、甘肃等地，分兵6路出兵讨伐突厥。第二年春天，北征大军传来捷报，李靖率领3000骑兵，一举攻占定襄（今内蒙古和林格尔东北），俘虏了在突厥避难的隋朝的萧后和隋炀帝的孙子杨政道。

颉利可汗无力抵抗，为取得喘息机会，派人向唐太宗求和。唐太宗看出了他的用心，为了麻痹敌人，就假意答应下来，并派使臣出使突厥。随后，又暗暗下令命李靖带兵跟着使臣，将计就计，袭击突厥。

颉利可汗果然因唐使前来放松戒备。李靖趁虚进

←将军戈壁——唐与突厥决战之地

攻，东突厥大败，十余万人被俘，颉利可汗逃走。颉利可汗逃到沙钵罗，也被唐军活捉。东突厥从此灭亡了。消息传来，唐朝举国上下拍手称快。从阴山到大漠，都被唐太宗统一。北部边疆的安宁，为唐朝经济、文化的发展创造了有利条件。

东突厥灭亡后，突厥人一部分逃往北方，依附于沙漠以北的薛延陀；一部分向西进入中亚；投降唐朝的有十余万人。如何处置这部分降民，大臣们意见不一。中书令温彦博认为"对他们应给之以生业，教之以礼仪。圣王对于人民，如同天地哺育万物一样，不应分别彼此。强行迁徙，违背突厥人的习性，也不是圣王抚育群生应有的态度。"主张保全他们的部落组织，顺应他们的风俗习惯，将他们安置在河套一带，从事游牧活动，充实空荒的土地。温彦博的见解和唐太宗不谋而合。于是唐太宗断然排除众议，采纳温彦博的意见，积

→ 突厥石人

极而有序地采取了安置措施：

1. 把大部分突厥降民安置在河套地带，其余散居在今北京直至宁夏一线的草原地区。任命突厥首领作都督，来统辖原部落人民。他们仍然过着和往常一样的游牧生活。

2. 大量提拔突厥贵族到唐朝做官。当时，五品以上的突厥武官多至一百多人，几乎占朝臣

←虞恭公温彦博碑

的一半，移住长城内的突厥人就达1万家。唐太宗这样做有两个目的：一是使这些突厥贵族既经高官厚禄，生活优越，败亡之痛便日渐淡薄，消磨他们的反抗情绪；其二，这些贵族留在长安，脱离了他们的部众，无异变成了人质，因而对突厥贵族多少起了某些制约的作用。

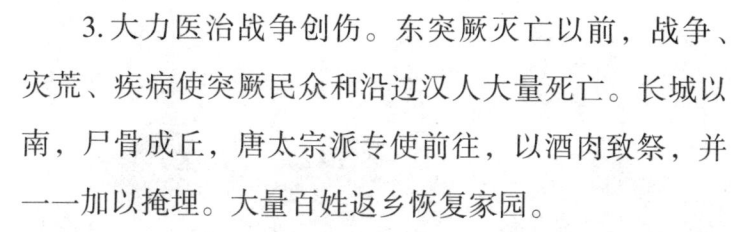

3.大力医治战争创伤。东突厥灭亡以前，战争、灾荒、疾病使突厥民众和沿边汉人大量死亡。长城以南，尸骨成丘，唐太宗派专使前往，以酒肉致祭，并一一加以掩埋。大量百姓返乡恢复家园。

4.优待颉利可汗。颉利可汗被押到长安后，唐太宗对他厚加款待，赏赐大量田宅。贞观八年（634年），颉利可汗死了，唐太宗下令按照突厥风俗施行火葬，在灞水东面给他筑起高大的坟墓，作为纪念。

东突厥灭亡后，唐太宗在北方、西北各族中的威望空前提高，北方各族的首领纷纷来到长安，表示归服唐朝，他们齐尊奉唐太宗为"天可汗"。从此以后，唐太宗又成为北方少数民族的"天可汗"，凡对北方各民族发布命令，都以"天可汗"的名义下达。

→李世民雕像

（二）统一高昌

唐太宗统一大漠南北以后，接着就扫除"丝绸之路"的障碍，完成统一西

←丝绸之路上的名城交河故城

域的事业。

唐朝的西域，主要是指巴尔喀什湖以东以南的新疆、青海广大区域。自西汉设置西域都护府以来，中原和西域始终保持密切联系。

隋末大乱，中原连年争战，西突厥趁机占领西域，切断了"丝绸之路"的交通。另一个阻塞"丝绸之路"的割据势力是汉族麴氏建立的高昌政权。高昌（今新疆吐鲁番区域）地处西域和中原之间，是中西交通的枢纽。高昌王麴文泰有意堵塞碛路，大肆袭掠过往商旅，进而又进攻唐朝的西伊州，西域局势动荡不安。

贞观十三年（639年）十二月，唐太宗派大将侯君集、薛万均等领兵讨伐高昌。麴文泰认为唐师远来，

丝绸之路上的旅行者

不加戒备。次年五月，唐军到达碛石。麹文泰听说有十几万人，吓得束手无策，不久便死去。麹文泰的儿子智盛继位。麹智盛无计可施，只得开城投降。侯君集分兵出击，连下高昌22城，收降8000余户，17000千余人。

平定高昌以后，唐太宗在高昌故地设立西州和庭州。贞观十四年（640年），又在西域建立了安西都护府，治所暂设交河城。

唐政府虽然平定高昌，西突厥又利用龟兹破坏唐朝和西域的商路。为了打道"丝绸之路"，彻底完成统一西域的事业，贞观二十一年（647年）十二月，唐太宗派阿史那社尔和安西都护郭孝恪讨伐龟兹（今新疆库车）。

阿史那社尔率领的唐军，前后破龟兹5个大城。

唐政府把安西都护府迁到龟兹，管辖焉耆、龟兹、碎叶、疏勒4镇。安西四镇是巩固边防，保障丝绸之路的军事要冲。碎叶城中汉胡杂居，后来的大诗人李白就诞生在这里。唐高宗初年，打败了西突厥，在庭州设立北庭都护府，最后完成了统一西域的大业。

（三）唐蕃和亲

唐蕃和亲可谓是中国民族关系史上一颗灿烂耀眼的明珠，其深远影响一直流传至今。

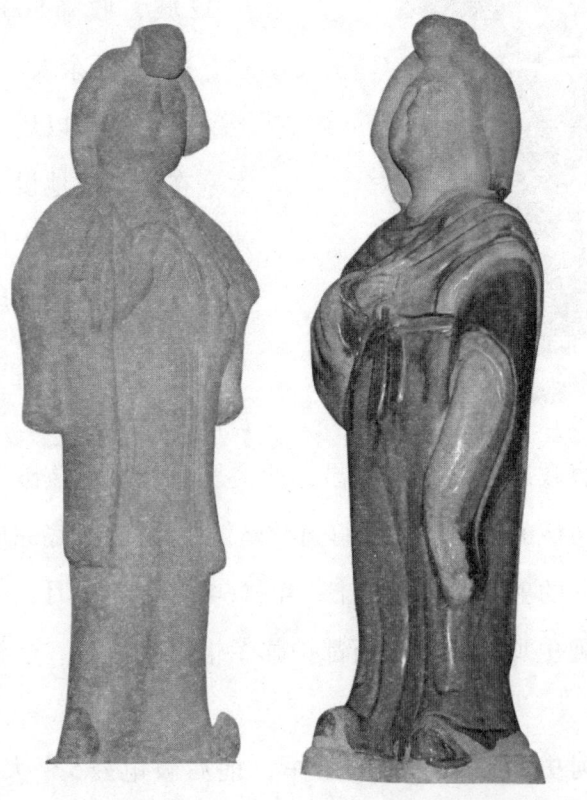

←贵妇俑

和亲政策古来就有。一般是在中原王朝国势衰微的情况下对周边少数民族所采取的一种政治行为。基于此，封建史学家往往将和亲视为中原王朝对边疆少数民族屈辱、妥协的代称。然而，唐朝初年的和亲政策却与传统的和亲政策不同，它是在国势昌盛的时期施行的。因此，它不是屈辱妥协的象征，而是唐太宗开明民族政策的生动体现。

贞观十六年（642年），在讨论如何对待薛延陀时，唐太宗说："方法只有两个：一是讨伐，一是和亲。只要对百姓有利，我绝不爱惜一个女儿。北狄风俗，政治多由后妃操纵。公主出嫁，生了儿子，就是我的外孙。外孙做可汗，不进犯中原便毫无疑问的了。所以出嫁公主，可以保证北方30年无事。"先不论唐太宗说得对不对，和亲总比打仗好。它能消除民族隔阂，增进民族团结，促使民族融合，加强民族之间的经济文化交流。唐太宗的和亲政策在历史上是起了进步作用的。

→ 唐蕃会盟碑

贞观朝中为数众多的和亲和联姻

←松赞干布出生地

之中，影响最深远的当推唐蕃和亲。

　　吐蕃是我国藏族聚居的地方，即今天的西藏。藏王又称"赞普"，意为"雄壮的男子"。7世纪初崛起于西藏高原的松赞干布，是个"性骁武，多英略"的藏族君主。他平定内乱，统一国家，改革内政，发展生产。他十分渴慕唐风，倾心于先进的唐朝文化，于贞观八年（634年）遣使入唐。贞观十四年（640年），松赞干布又遣使奉长求婚。唐太宗考虑到吐蕃是唐朝西境的重要力量，要保证西部疆域的安宁，跟吐蕃建立友好关系是很必要的，便答应了他的请求。贞观十五年（641年），唐太宗派李道宗护送文成公主入藏与松赞干布成婚。

　　文成公主出嫁的消息传到吐蕃以后，引起吐蕃人

→松赞干布像

民莫大的喜悦。吐蕃赞普松赞干布亲自率领大队侍从从逻些（今拉萨）专程到青海迎接。一个月后，文成公主到达黄河源头附近的柏海。松赞干布以盛大的仪式迎接文成公主入藏。当文成公主到达逻些城那天，逻些城万人空巷，夹道欢迎远道而来的赞蒙（藏语王后之意），到处洋溢着欢乐的气氛。松赞干布原来住在帐篷里，为了和文成公主结婚，在逻些城专门仿照唐朝格局建筑了一座华丽的王宫，就是现在的布达拉宫。在这座王宫中，他和文成公主举行了隆重的婚礼，现在布达拉宫里还保存着当年文成公主和松赞干布结婚时洞房的遗迹。

文成公主入藏时，不仅带去各种谷物、蔬菜种子、生产工具，而且带去了大量的工艺品、药材、茶叶及许多有关医药、生产等方面的书籍。那时候，吐蕃没有历法，以麦熟为一年，文成公主帮助吐蕃人推行历法。她还教吐蕃妇女纺织、刺绣。她带去的水磨，深受吐蕃人民的欢迎，使他们学会了利用水力资源。

文成公主信奉佛教，松赞干布在他的影响下，提倡佛教，修建了大昭寺。文成公主带去的乐队，大大丰富了藏族的音乐。吐蕃许多贵族子弟到长安求学。唐太宗还给吐蕃送去蚕种，派去养蚕、酿酒、制碾磨和造纸墨的工匠。先进的汉族文化传入吐蕃，对吐蕃生产和文化的发展起了很大的促进作用。唐太宗去世后，唐朝和吐蕃继续保持着频繁的来往和亲切的关系。

（四）设置羁縻府州

边疆各族不断内徙依附唐朝后，唐政府面临着如何管理原地留下的部族的问题。

唐太宗创设了对归附或被征服的民族和地区设置羁縻府州。对人数较多、地区较广的，设都督府，其次为州，再次为县。这些州府的都督、刺史、县令都由本民族自己的首领担任，并按其习惯，可以世袭。名义上他们要接受唐政府的册封，通行唐朝的历法，

←文成公主像

← 文成公主进吐蕃

定期向中央政府作象征性的朝贡,但是他们的户籍和唐朝的户部不发生关系,也不向唐政府交纳赋税。各羁縻州府仍然保持着其本民族的风俗习惯和组织结构,不离开他们的故土。这既有助于巩固边疆,又提高了中央政府的管辖能力。在有的羁縻府州之上,设置大的行政机构都护府,代表中央行使主权,管理边防和处理民族事务。都护由中央直接任免。唐太宗曾设燕然都护府,管理北方民族事务;设安西都护府,管理中亚民族事务。到他的儿媳武则天统治时代,都护府增至6个;到他的曾孙唐玄宗统治时代,全国共有羁縻府州856个,它的范围远远超过大唐本土。

（五）互市修驿道

唐太宗十分关注中外的商旅畅通和客使往来，因而也十分注意驿路的开创。

贞观二十一年（647年），唐政府应北方回纥等族的请求，北自回纥，南至突厥，开一大道，称"参天可汗道"。沿途设置驿站68所。吐蕃自文成公主入藏后，从逻些至长安也开设了驿站，来往人员不绝。由于交通的发展，商业贸易也日益频繁起来。少数民族的牛马、骆驼、貂裘等物源源流入内地。内地的丝绸、茶叶等物也源源输送远方。少数民族和外国商人、学者、传教士、歌舞人，大量进入内地。唐太宗都欣然接纳，决不排斥。

正因为唐太宗有兼收并蓄的广阔胸怀，无所畏惧的伟大气魄，到贞观晚期，长安城已成为无数外国人和少数民族聚居的场所。每当正月

← 唐壁画——各国供养人

→唐壁画——各国王子图

初一,各国和各族的使者都来参加朝会。各色各样的肤色和相貌,各色各样的衣着服饰,各色各样的风度和语言,各色各样的音乐舞蹈,在长安宫城正南的顺天门门楼上展现出来。如此盛况,是历史上其他朝代所不曾有过的。

唐太宗开明的民族政策,使许多少数民族为之"感恩戴德"。贞观二十三年(649年),唐太宗去世。留居长安的各族使者和官员数百人,都放声大哭。有的剪发、劐面、割耳,流血洒地。阿史那社尔和契苾何力闻讯,请求杀身殉葬。吐蕃赞普松赞干布来信说:"先皇晏驾,天子新立,臣子有不忠者,我帅兵赴难。"

唐太宗晚年,总结他一生成功的经验中有这么一条:"自古以来都贵中华,轻视夷狄。但我却同等对

待，爱之如一。因此他们像对待父母一样，都来归附。"一个封建皇帝能够如此，是难能可贵的。各民族间关系处理得比较好，这正是大唐帝国富强鼎盛的原因之一。

← 侍女图

大唐盛世的开创者　李世民

偃武修文　盛唐文化

> 智者创物，能者述焉，非一人而成也。君子之于学，百工之于技，自三代历汉至唐则备矣！故诗至于杜子美，文至于韩退之，书至于颜鲁公，画至于吴道子，古今之变，天下之能事毕矣。
> ——苏轼

> 太宗皇帝真长策，赚得英雄尽白头。
> ——赵嘏

唐太宗毕生的事业，前有以武拨乱之功，后有"偃武修文"之盛景。唐太宗的文治政策措施，对巩固唐初专制主义的中央集权的封建国家起了重要作用。

（一）尊儒崇经

自汉武帝时，儒家经学成为封建正统思想，历代封建帝王无不悉心倡导，唐太宗也不例外。由于唐王朝是统一强盛的封建国家，尊儒崇经也就带有统一时代的特征。

贞观二年（628年），唐太宗在长安专门设置孔子庙堂，以孔子为先圣，以颜回为先师，按照汉晋时的旧典仪式加以顶礼膜拜。贞观二十一年（647年），又下诏允许历代名儒和经学大师如左丘明、公羊高、谷梁赤等22位配享孔庙，废弃经学上的派别争斗，兼容并包，杂采众长。

在意识形态上，唐太宗奉行儒、佛、道三教并行政策，从而儒教昌明，佛教兴旺，道教风行。三教并行而不悖，不仅有力地促使儒、佛、道相互吸引，而且造成一种开放的文化心态：人们不以一教为尊，亦不必以自己的信仰去屈从于一尊意志。宽松的文化氛

← 孔子像

围赋予大唐文化充实而又光辉的气质。

（二）统一经学

长达数百年的魏晋南北朝分裂局面，使儒家经学研究支离破碎，门派很多。随着分裂局面的结束，政治上的统一，必然要求思想上的统一。

→四书五经

为了适应科举考试，唐太宗起用名儒颜师古校刊统一的《五经定本》（《五经》即《诗经》《尚书》《礼记》《春秋》《易经》），颁行全国，供学习考试之用。这实际上是对魏晋南北朝以来《五经》版本与文字的一次大清理。贞观十二年（638年）集合孔颖达、颜师古等名儒大师二十余人编撰了统一的《五经义疏》，并于贞观十四年颁行全国，对南北经学作了一次大总结，是中国封建社会前期经学的终结，使唐初崇儒尊经达到了前所未有的盛况。

（三）大兴礼乐

为维护封建统治秩序，唐太宗大兴礼乐，以隋朝9部乐为基础，将南北胡汉音乐熔于一炉，制定了《大唐雅乐》，促进了唐代歌舞艺术的发展与繁荣。唐太宗

还亲自主持创作了《秦王破阵乐》和《功成庆善乐》。它们作为唐初舞蹈艺术的杰作,无疑是唐太宗文治武功的象征。每逢年节、朝会时,它们是经常演出的节目,深得观众好评。《秦王破阵乐》不仅名扬国内,而且远播海外。

(四)重视学校教育

在唐太宗的重视下,加之社会秩序的安定,学校教育制度逐渐完备化,确立了中央、州、县三级官学体制,增建了校舍,扩大国子学、太学、四门学、律学、书学、算学等招生名额,使长安学生人数达4000余人。除汉族学生外,还积极接收高昌、吐蕃、南诏

← 调琴啜茗图(局部)

→舞乐屏风

等少数民族和新罗、高丽、日本等外国的留学生入唐学习先进的汉文化。贞观时期，学风大兴，学校大盛，出现了前所未有的盛况，这些都是和唐太宗"养才之道"分不开的。

（五）史书编纂

一提到史书，每个人都会想到中国波澜浩繁的二十四史，可是有谁想到其中有1/3，即8部正史是在唐太宗贞观年间修撰而成的，即《北齐书》《周书》《梁书》《陈书》《隋书》《晋书》《南史》《北史》。除南北史是李延寿父子私家独撰外，其余6部都是由唐太宗下诏集体官修的，成绩极为可观。

唐太宗是中国历史上最重视以史为治的封建帝王之一。他喜欢议史、读史，并从中总结致治、知治的历史经验。他沿袭传统史官制度，设立史馆制度，以朝廷重臣统领，聚众修史。从而强有力地以政治力量

统一史学，把握史权，以显示本朝一统天下的正统地位，并借修史之机清理众家史书。唐朝以后的历代王朝莫不沿用唐代成规，新朝开馆纂修前朝史从此成为承传已久的传统。

（六）科举选官

科举制度创于隋朝，唐太宗继承并健全了科举制度，这是贞观时期用人政策和文兴德化的重大变革。所谓科举，就是分科考试选拔人才。隋朝的科举还处在萌芽状态，各科考试的内容和方法，尚未形成固定模式，

← 弈棋仕女图

→唐壁画——宾客图

也不经常考试。唐太宗为了加强中央集权,选拔人才,更加积极推行科举制度。唐朝科举的科目比隋朝增加三四倍,除秀才、进士、明经以外,还设置武举、明法、明算、明书等科,其中尤以进士科最为重要。

唐太宗健全和推行科举制,使大批中下层地主阶级士子以及自耕农出身的读书人,由科举考试进入仕途,从而在现实秩序中突破了门阀世胄的垄断,有助于促进当时学风的兴盛,刺激整个社会的文化水平有所提高。

科举制以巨大的魔力控制着科举考试的士子们。有一次,唐太宗从皇门的城楼上看到新考取的进士鱼贯而出的盛况时,洋洋得意地说:"天下英雄,入吾彀中矣。"彀是指射箭的时候,箭所能达到的射程。意思是说，天下的人才全都落到我的手中了。这样一方面使社会上的文人没有精力去反对朝廷的统治，从而减少了社会中的不安定因素；另一方面，朝廷又可从中罗致人才，为己所用，可谓是一箭双雕。

由于唐太宗在文化领域推行宽容、开明的文化政策，造成了初唐时期宽松的文化氛围，推动了气势恢宏、史诗般壮丽的盛唐文化的产生。那充溢着欢欣、迸发着光芒的文化精魂以一种历史巨力，给中华五千年文明灌注了新生力量。那诗画的精彩绝艳、画的灿烂、书法的极妍尽美、乐舞的盛大欢腾、文采的酣放茂郁，以及泽被远西的文化辐射，融铸成一个辉煌灿烂的文化世界。中国文化的发展达到了一个前所未有的高峰，而盛唐文化的开创，正是以唐太宗时代为开端的。

←侍马图

晚年失误 白璧微瑕

人之不幸，莫过于自足。

——方孝儒

唐太宗是个富有创业精神的人，即位之后，实行了一系列有益的政治改革。但他也不可能摒弃剥削阶级的贪欲和封建皇帝的专制本能，随着社会经济的好转，他已开始逐步背离自己"善始善终"的诺言。到了晚年，也就更加放纵了。

贞观初年，唐太宗力求节俭，一再下令不准营建宫殿。而随着社会形势的好转，亦迫不及待地要破土动工，大修宫殿。他下令重修洛阳宫殿，由于张玄素的劝止而暂时作罢。隔了一年，刚修完仁寿宫，就又下令修治洛阳宫殿。贞观十一年（637年），又添造飞山宫。贞观二十一年（647年），在骊山顶上修建了翠微宫、玉华宫。百姓的徭役负担一天天频繁起来，百姓怨声载道。贞观晚年，唐太宗又连续派兵东征高丽，以致"士马疲于甲胄，舟车倦于转输"，给全国百姓增加的负担尤为沉重。为了对外用兵,唐太宗下令蜀地赶造战船,百姓为建造长百尺、宽五十尺的大船,以致被迫出卖田产宅地,卖儿卖女,社会阶级矛盾尖锐起来,最终导致雅州(今四川雅安一带)、邛州(今四川邛崃、大邑二县)、眉州(今四川眉山、洪雅二县)一带人民爆发了反抗斗争。这在贞观初年是不曾有过的。隋朝时,百姓为了逃避徭役,宁可砸伤自己的手脚,叫作"福手福足"。如今,这种惨象又出现了。唐太宗甚至说:"百姓无事则骄逸,劳役则易使。"这显然是唱的隋炀帝的调子。

在皇位继承问题上,唐太宗再次陷入困境。长孙皇后生了3个儿子。长子承乾,早年立为太子;次子李泰,为魏王;三子李治,封晋王。太子承乾患有足疾,走起路来颇不雅观。加之后来吃喝玩乐,不务正业,

← 唐壁画——反弹琵琶图

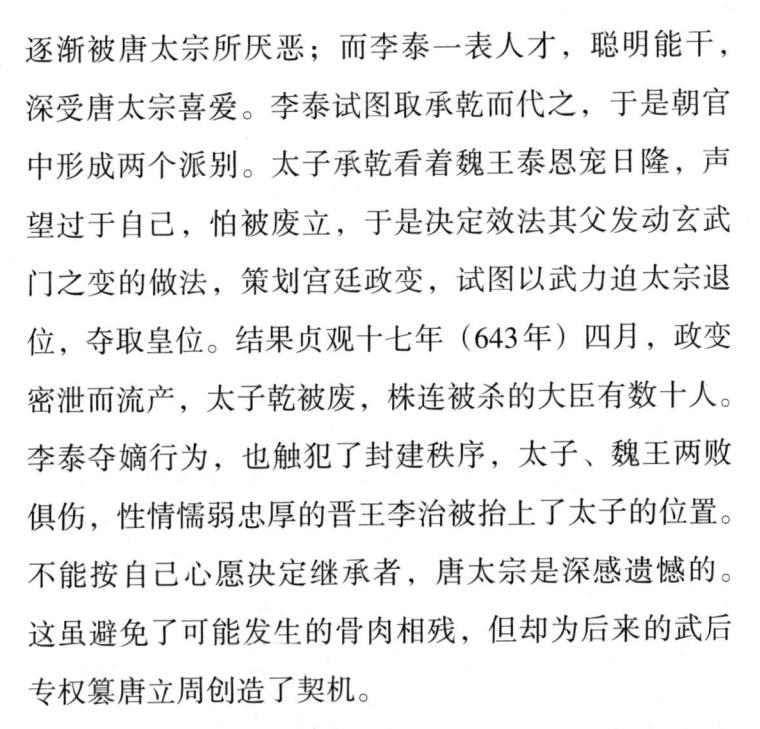

逐渐被唐太宗所厌恶；而李泰一表人才，聪明能干，深受唐太宗喜爱。李泰试图取承乾而代之，于是朝官中形成两个派别。太子承乾看着魏王泰恩宠日隆，声望过于自己，怕被废立，于是决定效法其父发动玄武门之变的做法，策划宫廷政变，试图以武力迫太宗退位，夺取皇位。结果贞观十七年（643年）四月，政变密泄而流产，太子乾被废，株连被杀的大臣有数十人。李泰夺嫡行为，也触犯了封建秩序，太子、魏王两败俱伤，性情懦弱忠厚的晋王李治被抬上了太子的位置。不能按自己心愿决定继承者，唐太宗是深感遗憾的。这虽避免了可能发生的骨肉相残，但却为后来的武后专权篡唐立周创造了契机。

在政治上，唐太宗的作风也逐渐改变。在他身上原来那种"自我表现"的潜在意识，也十分明显地暴露出来。随着戴胄、王珪、魏征等直言进谏之臣相继去世，他的耳根日益清静下来，对臣下的态度也大不相同了。臣子上书不合己意，就当众问斥。在政事上也较多为所欲为、独断专行，远征高丽便是一例。

贞观十九年（645年），朝鲜半岛上的高丽、百济两国，对新罗发动了进攻。新罗素与唐朝友好，急派使臣求援。唐太宗早有东征高丽之意，随即寻故发动了大规模的东征高丽战争。结果战败而归。

高丽之役，在唐太宗一生事业中颇为重要。唐太宗治国，念念不忘以隋炀帝为借鉴，凡是隋朝虐政，必反其道而行之。而隋炀帝曾三征高丽，可以说是虐政之最大者，对此，唐太宗是决不会忽视的。他之所以胆敢步隋炀帝后尘，拒绝多数臣下的进谏，因声称："趁我未老，用群臣的余力，取它来！"断然决定发动这场战争。在这其中，唐太宗的封建帝王侈心膨胀固

←唐壁画——男侍从图

然是不可否认的一个原因。

东征高丽回来之后,由于长途跋涉、归途劳累,再加上战事失利、心情郁闷,唐太宗回到长安后便病倒了,从此健康状况大不如前。第二年又去陕西灵武接待北方的降民,疲顿劳累,又受些风寒,病情加重。为了治病长寿,积极的药物治疗未见好转,便滋生了对超自然力量的迷信的消极想法,和秦始皇、汉武帝晚年一样,愚蠢地追求长生不老,大量服用方士炼制的"金石"丹药。

贞观二十三年(649年),一个印度僧人那逻迩婆婆自说能配制金石秘剂,唐太宗如获至宝,把他请到宫中配制延年之药。服药之后,病情却急剧恶化。五月金石病毒发作,重蹈秦始皇的覆辙。这位卓越的封建政治家、大唐帝国的皇帝、各族人民的"天可汗"便过早地与世长辞了,死时年仅52岁。太宗死后,安葬于昭陵(今西安附近的醴泉县西北60里的九嵕山处),谥为"文皇帝","太宗"是他的庙号。他所开创的大唐盛世继续发展,到他的重孙唐玄宗李隆基时发展到了巅峰。

唐太宗的一生是博大的,他卓越的军事才能,不凡的政治理想,虚怀纳谏、思贤若渴的求治精神,莫不为世人所景慕。

素有"诗史"之称的唐代大诗人杜甫,曾多次到昭陵访古。他的著名长诗《北征》,反映了安史之乱后的社会残破景象,引起了诗人对贞观盛世的向往:"煌煌贞观业,树立甚宏达。"诗中吐露出诗人对唐太宗,这位大唐盛世的开创者的仰慕之情。

时代造就伟人。唐太宗以他朝气蓬勃、昂扬奋发的进取精神与他所开创的大唐盛世景象相映成辉,永留千古。

← 大唐群英谱雕塑

相关链接

"贞观之治"的主要特点

1. 不拘一格用人才,对人才的使用及领导达到了极高的境界。

2. 独具慧眼,看到了个人力量的不足,充分认识到君王如石、良臣如匠,对大臣的各项进步之言豁达地予以采纳。

3. 不独断专行,保证了政策的可行性,及时发现并纠正偏差。

4. 认识到人命至重、不可妄杀的法政政策,规定死刑需三复奏(外地五复奏)复审批准后方可行刑。

5. 太宗朝武功之盛,除对高句丽战争上没有取得战略胜利外都取得了辉煌的胜利。

6. 气吞天下的"天可汗"气质,李世民多次以少胜多,经典之役就是在渭水单骑吓退突厥10万精骑。

7. 胸怀大局,践行四海一统的民族和外交政策。

8.完善科举制度,大力兴办学校,重视教育活动,普及官吏选聘做法。唐朝的教育及科举制度为政治上提供优秀人才同文化精髓——唐诗及经济发展作出了杰出贡献。

9.工书法、富文学,太宗皇帝个人修养及天赋极高,在书法同文学上也颇有名气,在他大力宏扬和鼓励支持下,才有唐代书法、文学、艺术之盛。

10.倡导廉政、节俭、朴素之风,重视农田水利,太宗朝在廉政建设方面是相当成功的。当时社会形成了一种朴素求实的作风;太宗皇帝也相当重视农业,京官外巡回京太宗先问及此事,因太子冠礼与农时违背而更改。

11.由于社会安定,商业经济得到发展,全国新兴了许多商业城市,城市规模有相当的发展。

12.对玄奘佛学的支持同西游的肯定,打通并维护河西走廊-丝绸之路及东联新罗、日本,促进了中西文化交流与经济发展,文成公主下嫁吐蕃,使吐蕃从奴隶制社会迈入封建社会,开发并促进了西藏的发展。